私域电商

人格化品牌的直播变现

杨铎 著

中华工商联合出版社

图书在版编目（CIP）数据

私域电商 / 杨铎著. -- 北京：中华工商联合出版

社，2020.11（2024.2重印）

ISBN 978-7-5158-2859-6

Ⅰ.①私… Ⅱ.①杨… Ⅲ.①电子商务—经营管理

Ⅳ.①F713.365.1

中国版本图书馆CIP数据核字（2020）第 175573 号

私域电商

作　　者：杨　铎
出 品 人：李　梁
图书策划：李红霞
责任编辑：孟　丹
装帧设计：李云迪
责任审读：郭敬梅
责任印制：迈致红
出版发行：中华工商联合出版社有限责任公司
印　　刷：三河市同力彩印有限公司
版　　次：2020 年 11 月第 1 版
印　　次：2024 年 2 月第 2 次印刷
开　　本：710mm×1000mm　1/16
字　　数：230 千字
印　　张：15.25
书　　号：ISBN 978－7－5158－2859－6
定　　价：69.00 元

服务热线：010－58301130－0（前台）
销售热线：010－58302977（网店部）
　　　　　010－58302166（门店部）
　　　　　010－58302837（馆配部、新媒体部）
　　　　　010－58302813（团购部）
地址邮编：北京市西城区西环广场 A 座
　　　　　19－20 层，100044
http://www.chgslcbs.cn
投稿热线：010－58302907（总编室）
投稿邮箱：1621239583@qq.com

目 录
CONTENTS

是私域电商不是私域流量

互联网进入下半场，流量的焦虑一直在，不管是平面媒体时代、电视媒体时代还是互联网的门户网站时代，十几年前所有的企业都知道中央电视台的广告效果不可匹敌，碍于少有的战略眼光，也碍于昂贵的广告费，鲜有地方品牌敢于尝试，以至于2013年后入场电视媒体的小玩家越来越多，而且都抱着豪赌一把的心态去投央视广告，这样的人见过的太多，最终大多收效甚微。互联网门户网站时代，抱怨流量都被门户网站吸走，搜索引擎时代，有钱人把最核心的关键词都买走了，到超级社交媒体时代，还是有不少人抱怨入场晚了，流量红利的光没沾到。不管是哪个时代，每一年都有超级品牌诞生，尤其是到了移动互联网时代，无论是创富机会还是重大商业时机，都在增多，给人们的选择也变得越来越多。

流量焦虑一直存在，不管是天猫、京东、唯品会、苏宁这些电商平台的线上获客成本，还是线下广告、展会、沙龙、技术交流会等的获客成本都已经到了让商家没有利润可图的境地，尽管还有人能做出1：5甚至1：30的投资回报率（ROI），但这样的高手不多。流量焦虑是基本面，那私域流量是流量焦虑后的出路还是一个伪命题？

任何一个概念出来都有争议期、正视期，尤其是互联网形态下的各种概念，以最开始诞生的互联网思维为例，业界足足争议了一年半的时间，最后热度消减，争议自然不在。私域流量不是新生事物，早在5年前我帮助一家公司筹划过类似的商业模式。以大型的高档小区为覆盖，然后做超级会员配送，以社区门店为中心，覆盖周边几个大型社区，配送纯净水、山泉水、五常大米、澳洲牛肉等。一个二十多平方米的店面作为展示，付费会员4000多人（29.9元办会员卡），每个月营业额（加上非会员零售收入）在18万～25万元。那时候的叫法就是会员店，没有私域流量的时髦概念，但目前来看这种商业模式就是私域流量。可以这样说，不管有没有人提出私域流量的概念，这种商业模式一直存在，这个概念的存在只是让人能够更明确清晰地了解、学习如何应对当前并不乐观的市场境况而已。

◆ **私域流量不是伪概念**

私域流量概念的出现，争议更大，这是一种必然，但可以肯定的是，它不是一个伪概念。

互联网思维、O2O、工业4.0、无人驾驶、区块链等，只要是跟互联网沾边的概念一提出必然有人反对，说要割羊毛，但事实上仍然有人成为了巨头，概念被抛之脑后，例如美团、滴滴打车这些都是O2O概念下成长起来的公司，根本没人在乎它是不是O2O了。其次像争议最大的区块链，因为和比特币、加密货币等沾上边，争议不断，最后因为官方的介入，区块链成为A股企业的救命稻草。这些概念的争执相对单一，那就是是否能成为普遍需求的问题，是否具有市场前景。对私域流量并不应该有争执，因为它本来是一种底层逻辑，它所遭受的争议更多是不同利益集团的争执，简单来说就是私域流量和公域流量的争执。

私域流量代表的是品牌主、个人、商家的利益，是一个从下到上诞生的概念。公域流量代表的是平台的利益，私域流量崛起公域流量利益必然受损。可以这样说，淘宝对于把客户留存到微信平台很头疼，美团因为收取过高的平台佣金让中小商家头疼不已，微信因为没有自己的电商平台又不知道如何充分利用自己的流量，流量都被黑五类、微商、社群裂变等分割，抖音、快手不甘心只是流量大户，需要更多的变现方式，但私域流量与他们的利益结合点都难找。所以，私域流量最大的争议在于那些平台代言人和少量未入场的人。因为你知道，美团这种每单外卖收入商家20%～25%流水的模式必然无法长久，平台垄断的最终结果就是必然会有一轮洗牌，而私域流量有成为星星之火的可能，如果星星之火燎原的话，那么对于某些平台来说就会带来一次新的洗牌。换句话说，平台常有，但平台不会一直不变，变量从来都是从微小而起。

◆ 私域流量绝不就是微信个人号

数据显示，邮件打开率为1%，短信0.2%，服务号在 10%以下，订阅号是1.5%～5%甚至更低。微信个人号朋友圈的打开率在80%以上（打开不代表可以被刷到），微信群的消息阅读率达到40%，微信消息的打开率基本上100%。也正是基于这样的数据，很多做私域流量布局的企业首先要做的就是加微信好友，你现在接触到的商家，不管是酒店、医院、淘宝卖家、培训机构、银行，等等，只要你去办一次业务都会让你加微信，以方便后期联系，微信私人号似乎成了私域流量的必选或唯一选择。

私域流量不是新鲜事物，一直存在，只要有热点，培训课程和各种文章就有市场。私域流量不是伪概念，也会一直存在，但私域流量绝对不等同于微信个人号，如果有人告诉你想做私域流量一定要把客户引入微信个人号，然后精细化运营个人微信号提高转化，那么我告诉你，江湖骗子都这样让你做。

私域流量不是伪命题，但私域流量不等同于微信个人号，尤其是在你知道了私域流量这个概念并开始谋篇布局运作你的私域流量后，失败的概率大大增加。微信平台有不同的变现场景，第一，基于朋友圈人设的变现场景，这种场景是当前微商、私域流量规模玩家的必走之路，也是一部分知识课程、知识付费主的变现场景；第二，基于微信群的变现场景，这种是还没有私域流量概念的门店、个人商家、社群拼团、社群电商的主要变现场景；第三，基于被动私聊的变现场景，这种场景和第一种朋友圈人设结合，然后加上高客单价超高毛利率，是当前的私域玩家的主流模式。不管是哪一种模式，当开始真正按商业化的模式操作的时候，短期收益有可能，最终的结果必然失败。

坍塌的原因有三点，简单概括：其一，规模化操作的非真实（或部分真实）人设最终必然坍塌；其二，私域流量要运营的不是个人微信号，而是一个场域，真实的场域不需要运营，非真实的场域没有信任基础，成交只会越来越低；其三，门店、个人微信等可以适当做广告，有真实人格做黏性支撑，但自己搭建私域流量的一亩三分地只有自己的广告，场域氛围、人设、成交都无从谈起。

◆ 私域流量无法实现流量自由

上点年纪的人都听过"一铺养三代"的说法，有高铁之前，大多数地方的门面房在销售时都打过这个概念，这个概念被购买门面房的人普遍认同。我认识的一对五十多岁的夫妇，做了三十多年的水产生意，攒下300多万元。在他们当地县城的高铁站开通之前，买了两套150多平方米的门面房，指望着养老。等到高铁通了发现人流已经不是前些年火车站的人流形态了，房子租不出去不说，还要每个月给开发商缴纳物业费。房子降价也不好卖，老两口很是无奈。

传统火车站一般都位于城市的核心位置，人流量巨大，依赖高铁站的足量人流可以实现该区域的门面房流量自由，生意可以一直做下去。现在的高铁站，已经不是前些年的火车站了，移动互联网让购票方式变化，没有人再像之前一样坐火车需要提前半个小时甚至一个多小时在车站等，人到站之后也不会逗留，各种配套交通能快速把人送到目的地，再加上高铁站往往都距离市区有一段距离，高铁站的人流并不大。别说是一个县城，即便像北京、郑州、武汉、深圳这样的超级站点，高铁站内的人流也大不如前几年，所以绝大多数高铁站门面房的流量自由也就不存在了。

道理是一样的，地面人流被吸引到线上了，那私域流量运作成功是否可以让品牌主、店老板、网上卖家实现流量自由。幻想通过私域流量实现流量自由的想法非常危险，私域流量也无法帮助品牌主实现流量自由。

私域流量本质上是在对抗平台，同时也是在应对更残酷的竞争。但是不管是多大的私域流量池，都没有办法实现流量自由。如果有人说他不需要依赖任何平台流量都能活的很好，那有可能他在一年时间内，最多两年时间里可以，长久一定持续不下去。即便是农夫山泉、苹果也缺知名度，即便是微信、淘宝也缺流量，淘宝要花巨量的资金从抖音、快手倒入流量，你说微信不缺流量，微信的公众号打开率已经让它成为鸡肋。人们把时间在抖音、快手上多花费1个小时，微信的综合时间市场占有率就下降1小时的比重。对于企业更是如此，固定不变的私域流量池就是一潭死水，即便你现在活得很好，只要不持续增长，那么你就得死亡。

私域流量能够让品牌主、门店摆脱对平台流量的一部分依赖，但是绝对无法实现流量自由。你可能没有见过手里握着300多万、500多万私域流量（个人微信号）的企业主发愁的时候，花大量资金建立起来的私域流量1年半的时间就不再有转化，最后干起来了私域流量出租的生意，没多长时间就只能再另起炉灶重新起盘。

◆ 消失的场景

2020年的春节，大部分的行业在疫情的影响下受到打击，在起初两个月的时间里，很多消费场景被隐藏了起来，提供服务的商家还在，用户也还在，但是没有办法发生连接。诸如旅游、餐饮、酒店、展会等，服务业受到影响尤其严重，所有人都被困在家中，不能出门，静待着疫情结束。

最近两年多的时间，线上对线下的冲击稍有缓和，优质的线下流量入口也更受重视，像shopping mall等新场景的价值愈加凸显。疫情的影响也是短暂的，一些企业会消失，但大部分消费场景会在疫情结束后快速回来。但是，有一些消费场景恐怕会消失，或者恢复不到原来的程度。

数字化本来几乎是所有企业的必由之路，这次疫情让所有企业都加速了数字化的布局和设想，越来越多的线下消费场景要转移到线上，对于消费者来说一台手机几乎能解决全部的问题就是企业的使命。随着5G的发展，这种可能已经在一步一步变为现实，保守估计无人驾驶5~10年后将遍地都是，危险的工作场合通过5G的超低延迟大部分都可以实现远程操控，餐厅的卫生问题可以通过透明餐厅直播展现得更令人信服，对于大多数的电商卖家、O2O店主，都可以实现实时的面对面沟通交流。几乎所有的线下场景都会经历一遍改造，无论是农村、工厂、工地、城市饭店、夜场，甚至是更多的体验消费场所也开始往线上转移。未来的10年是消费场景快速消失并进行重构的10年。

◆ 变现才是王道

线下的场景在慢慢消失，线上的一些场景随着4G的发展、5G的到来也在消失。场景消失的根本原因是原本满足该场景的需求或服务无法变现了，变现路径出了问题。例如，口香糖销量持续下滑，主要是因为手机越来越霸道，打发了人们无聊的时间，让年轻人时时刻刻不离手机，自然没有时间嚼口香糖。外卖侵蚀了方便面的份额，道理是一样的。

线上也有不断消失的场景，以微信公众号为例，微信公众号在2013—2015年衍生出不少的图文内容电商。笔者身边便有专门以清单为业务主线的微信公众号图文电商，最高峰的时候，一年能做到4000多万元的销售额，现在你还能看到在微信公众号操盘图文电商的吗？不是没有，但是已经不值得一提了，即便体量还在，已经代表着过去，无人关注，替代这个场景的就是短视频电商和二类电商。

微信公众号生态的图文电商变现路径出了问题，大众的注意力已经没有图文的份额。短视频可以承载更多的信息，短视频的风口足够大，这个风口不仅天花板足够高，广阔度也足够高。以抖音和快手为例，最高峰的时候日活突破4亿和3亿，而淘宝直播的日活也不过3000万，进军短视频或直播几乎是每一个人或每个企业正在做或将要做的事。

问题在于，进军短视频容易，变现难。除了头部和少部分肩部的网络红人，几乎所有的短视频操盘者都面临一个问题，那就是变现的问题，对于个体、品牌主玩家来说更是如此。就像广告主到电视台投广告一样，花了大量的资金、时间、精力、人力、物力等，最后见不得效果，这广告是否还会持续。短视频同样如此，越来越多百万粉丝的玩家开始遇到瓶颈，尤其是抖音的玩家。抖音是内容分发机制决定了，只要有优质的内容，持续输出一段，单条短视频爆发只是时间问题，时间和运气凑到一块，一条短视频2000万的阅读量一点也不难，一晚上涨十多万的粉丝也不是难事。抖音的粉丝是抖音公域的，和玩家关系不大，这就出现了一个怪现状，粉丝量巨大，200万的粉丝开了直播去卖货只有20来个人观看，粉丝和变现没有什么关系？快手的逻辑和抖音不一样，快手的流量分发机制是30%是公域流量，70%是私域流量，其实就是人格化品牌的IP流量，粉丝黏性更高，所以快手的变现相对抖音要强很多，但整体来说变现依然成问题。

春种秋收，所有的事情都有一个过程。互联网时代是一个快种快收的时代，就是这么直接，如果你一开始没有想好怎么变现，那么半年后你依然不知道如何变现。对于个人来说，没有团队化运作，变现就成一个奢望了，最多胡乱收割一波就完事。

没有变现一切都是零，短视频也好，直播带货也好，谋定而动，不谋不动。见过太多不舍得放弃，但是又不知道如何是好的操盘者或个体。私域流量也好，短视频也好，直播电商也好，所有的竞争已经到了第一轮洗牌期，看得懂进入后成不成也靠运气，贸然入局者几乎是必死无疑。

◆ 私域电商之后再无进化可言

短视频之后是直播电商，直播电商后是什么？

当前，快手和淘宝是电商带货的首选平台，抖音因为战略倾斜，签下网红罗永浩，抖音、快手、淘宝已经呈现三足鼎立之势，其他平台，无论是腾讯直播还是京东直播等虽然不能说出局，势头上也很难再造出声量，影响力有限。

从各自平台公布的数据看，电商带货已经成为一个巨量爆发的点，而且这个量级还在不断的扩展，侵蚀更多的其他份额。抖音的直播带货量不大，快手和淘宝平台的电商带货销量非常高，越来越多的国际品牌都开始加入电商带货的行列。电商带货并不是没有问题，尤其是抖音，抖音缺乏带货的场景，流量过分偏向公域，主播的带货能力和有多少粉丝并没有多大关系。所以说直播带货不是流量的问题，仅仅有流量绝对带不出销售额，关键还在于带货人的人格魅力和产品品牌力作为基础支撑，没有这两点，再大的流量也发挥不了价值。

电商在进化，图文时代的高门槛被抖音、快手这些短视频和直播平台大大地降低，抖音、快手拍一个15秒的搞笑视频要比写一篇2500字的微信公众号文章、写一篇140字的微博简单得多，视频的传播更受人欢迎，所以从吸引注意力、累积粉丝、构建影响力这个层面来说，更多的人能够通过各种短视频、直播平台积累IP。这也就为网红带货、电商带货提供了先决条件，让更多人具有了打造个人IP，成就人格化品牌的可能。如果说私域电商的先决条件里，品牌域、私域流量、人格化品牌要排序的话，人格化品牌是唯一不可抛弃的因素，也是私域电商变现的前提。不管是谁的流量，哪个平台的流量，永远是可以随时拿来用的，最多花点钱而已，但是人格魅力不是说有就有的。就像董明珠一样，如果没有她的人格魅力，有再多的流量也无济于事。

企业可以不赶私域流量的风口，也可以不赶直播电商的风口，但是应该清晰地知道未来的趋势。趋势就是看清楚，流量在哪里？流量能够因为什么发挥最大的价值，流量怎样才能发挥价值。私域流量不是一种必然选择，但确是一种相对较好的操盘办法，对于中小体量的公司来说，非常实用，厘清思路利于人格化品牌的打造，对将来的破圈具有基石支撑作用。直播电商将替代越来越多线下消费场景，某些行业甚至完全被替代。直播电商解决不了流量的问题，私域流量和直播电商结合也解决不了流量的问题，这就是未来的趋势。当企业没有足够的人格化品牌作为支撑的时候只有不断地寻找流量，私域流量和直播电商结合会缓解流量奇缺的问题，但一定明白，无论什么样的品牌未来都是处于流量奇缺的生存状态，包括动辄几亿日活的抖音快手，包括具有世界影响力的品牌苹果，这是残酷的现实。

所以，核心的问题是你怎么看流量。

对于趋势的判断，所有人都知道短视频之后的风口是直播电商，但是直播电商之后的风口是什么，没有人知道。在较长的时间内直播的风口将一直持续，待野蛮增长到红海厮杀的局面，然后进化或分化，而分化的一个趋势就是私域电商。至于下一个替代直播电商的风口，未来3年还没有可能出现。

对于很多人来说，变现才是王道，没有变现一切都是零，这是中小玩家。

对于具有成长性的品牌，破圈是早晚的问题，私域流量没有那么重要，打造品牌域才是王道。而对于所有人或企业来说，没有人格化品牌都将失去未来。

第一篇

思维篇

| 第一章 |
流量变革

 一 传统企业的焦虑

笼统说传统企业和互联网企业不准确，传统企业可以相对于互联网企业来讲，互联网企业还分为传统互联网和移动互联网。传统企业的经营者面对传统互联网多年，没有焦虑可言，是移动互联网让传统企业开始愁眉苦脸。

焦虑的原因很多，无外乎以下几点：

◆ 传统的企业规划失去意义

稍具有规模的企业都有自己的五年规划，移动互联网风潮出现后，传统的企业规划里并没有移动互联网的位置，商业环境急剧演变，让这些传统企业看不清未来的方向，甚至手握大量的资源和现金不知道如何投入。最具代表性的就是地产行业。恒大、万科、融创都遇到这样的问题。

恒大首先是把优势资源投入了快消品行业，搞出了恒大冰泉、恒大粮油，投入巨量资金发现传统的品牌路线根本走不通了，这个行业不像地产有广告投入就有销量，最终折戟沉沙。然后看上了互联网行当，又投入大量资金入驻贾跃亭的法拉第未来，虽不能说以失败告终，但终究没有搞出名堂。

融创地产同样是和乐视网进行合作，合作之后发现掉进了一个大窟窿，怎么填都填不满，想撤离却无法抽身，最后陷入这个泥潭。

万科在2004年的销售额已经达到了2000亿元，而且是行业首屈一指的地产公司，公司业绩从1000亿元到2000亿元只用了不到5年的时间。在2013年底，万科的管理团队在郁亮的带领下造访了行业知名的互联网公司阿里巴巴、腾讯、小米和已经转型很早声称转型成功的海尔公司，与马云、马化腾、雷军、张瑞敏畅谈，然后提出了万科的转型。用郁亮和毛大庆的话来说就是："万科下一步的商业模式是将产业链的上下游全线打通，利用万科充沛的金融资源为其提供服务，吃定供应商和业主，以获得更高的利润。不出意外，万科在搞定银行金融通道后，下一步也会和互联网公司合作，将这种金融服务变得更加便利化、互联网化，符合现代消费趋势。"

相对互联网来说，地产企业所受到的冲击是最小的，毕竟传统地产不过是建房子卖房子，仅仅这两件事干好已经很难，如果往长远的方向考虑地产企业一定不是卖房子这么简单。从城市的发展来看，3～5年的房子就要进行设计上的更新迭代，尤其是内地二三线城市的快速发展，老破旧类的小区不能满足现代化城市的出行和生活需求，所有的城市都在造新城，所有的家电企业都在往智能家居、社区、人工智能、物联网的方向发展。问题在于，你是做地产的，你不知道你的竞争对手来自哪里，打败你的对手绝对不会现在站在你的面前。

◆ **产品越来越难卖**

产品越来越难卖是一个必然命题。

移动互联网是一种新的生活和商业形态，这个平台不仅能诞生新形态的企业，更重要的是它生长出新的赛道。从来没有一个企业能够以极低的成本快速被全国人民熟知，这样的企业一个接着一个。以小米为代表，有做服装的，做煎饼果子的，做肉夹馍的，做干果零食的，做餐饮的，几乎每一个行业都被年轻人重新改造了一遍，崛起的速度非常之快，且不说现在这些公司怎么样，这些公司在当时创造了一个又一个奇迹，而且极大地冲击了原有的业态。每年的网络购物节，每个品类都有惊人的数据，但是线下的实体店在2013—2016年确实陷入了困局。

看着别人热火朝天，数据惊人，传统企业却不知如何是好。

◆ 找不到新的利润增长点

不断的利润增长是所有企业赖以生存和发展的基础，莫要说企业利润开始下滑，就是陷入增长停滞已经是非常危险的信号。在这样的风潮下，所有的移动互联网动不动就是数千万的融资，随便一个创业项目产品还未成型，仅凭一个创业计划书就有人投入数百万赌一把。传统企业却增速缓慢，甚至停滞或倒退。

以金融行业为例，移动支付以势如破竹之势打破原来传统银行的格局之后，开始倒逼着金融行业进行改革。移动支付风潮起来之前，尤其是2013年以来，各大银行网点的数量急剧缩减，银行的基础从业人员也大幅缩减，但是技术类人才比例不断提高。原来更多的业务依赖线下的窗口，现在更多的业务变成了线上操作，随时随地都可以操作，根本不受空间的限制。

为什么会这样改变？传统模式带来的效率低下，利润下滑，加上支付宝、微信支付这些新兴的支付方式倒逼着传统银行提高效率，否则就越来越落伍，更不要提新的利润增长点了。

不止银行，在供给侧结构性改革提出来之前，效能的提高让几乎每个行业都产能过剩，利润增长更无从谈起，加之网络购物一浪高过一浪，实体店面和传统企业的客户量部分转移，利润下滑是不可避免的。

◆ 搞不懂的年轻人

移动互联网还不是年轻人掌控资本的时代，却是年轻人掌控技术和文化底层创造的时代。年轻人有年轻人的生活方式，年轻人有年轻人的沟通方式，这群人对互联网具有极高的热情和包容，同时也把大量的精力时间花费在了网络上。

年轻人掌控着技术，大量的年轻人创造着互联网的文化。这群年轻人天生爱玩，爱自由，不再像"60后""70后"那样，甚至对于工作都有一种玩世不恭的态度。

传统企业非常需要这些年轻人，但越来越多的年轻人离开传统企业能找到更好的生存空间，且能创造出意想不到的生活特点。

不管有多少原因，大多都是表象或例证，但传统企业焦虑，说到底这是一场变革，而在这场变革中，传统企业毫无疑问失去或一点一点地失去在资源争夺的主动权。在原有生活方式、原有企业管理方式上都遇到了挑战。原有的创造者还没有缓过神时，世界已经改变了，想跟上眼前的步伐好像知识结构、资源支撑又达不到，想要维持住现在的局面好像又不可能。有的在观望，有的在犹豫，有的紧追慢赶，说到底是没有在新的商业环境中掌控住局面，这也是焦虑的根本来源。

 ## 流量的路径演变

◆ 什么是流量

大多数人都知道电商行业的流量指的什么，这里首先要普及一下什么叫流量。

流量是指单位时间内流经封闭管道或明渠有效截面的流体量，这是物理学上给出的解释。不同行业对流量都有不同的解释和应用，道路上的车水马龙叫车流量，河道里的激流湍急叫水流量，商场里的人流如织叫人流量，气流管里的气贯长虹叫气流量，网站的点击量叫网站流量，我们这里说到的流量大多指网站的访问统计或商业场景所能获得的用户量。

为什么要研究流量，或者说为什么越来越多企业因为流量严重下滑而焦虑？

2012—2013年是互联网的窗口爆发期，互联网思维几乎一夜之间让所有企业和个人都接触到一个新大陆。一直处在互联网的环境中不跳出来观察的话，你不能发现有多少的新入局者看上了互联网的蛋糕，风潮一鼓作气就把人们催化醒了。一种思潮来的时候，这种思潮让人们用一种异样的眼光看这个"新生事物"，这里边有无限可能，藏着无限的商业机会。

对所有人来说，那时候没有人去讲流量这个东西，也没有人探究什么是流量，因为当人们处于一种汹涌澎湃的浪潮中时，是流量完全包围了这些入局者。少有人能跳出来看互联网所带来的这股浪潮，没有人知道这股浪潮要流到哪里，没有人有力量掌控浪潮的局势。顺着浪潮走无须自己划桨，更不会想象潮水枯竭。对于互联网来说这浪潮就是流量，不管当时多凶猛多广阔无垠，这就是流量，也可以说这个阶段是互联网史上流量最凶猛的阶段。

经济学中，有一个词汇叫人口红利，通常是指一个国家的劳动年龄人口占总人口比重较大，抚养率比较低，人力资源成本相对于发达国家或人口老龄化国家较低，较低的人力投入就能为经济发展创造有利条件，整个国家的经济呈高储蓄、高投资和高增长的局面。类比人口红利这个词汇，有人给这个凶猛的互联网流量起了个名字，叫流量红利。红利，顾名思义就是投入很小可以博取到的很大回报。水大的时候打鱼自然好打，没有水的时候鱼自然也不好打。

互联网思维这股风潮中，无论是触网的企业还是个人，只要方法稍微得当都能获得非常高的投资回报率。但这么大的经济体量当中，互联网说到底所占的比重还小，尤其是对于传统企业来说，传统企业的老板看着互联网思维这股浪潮，却不知道如何下水，更不知道如何顺势而为。

传统企业的经营者有一种不知道如何进入这股浪潮的焦虑。

◆ 流量的路径演变

对于大多数企业来说，互联网思维论和工具论好像没有多大的差别，但这其实代表着一种思维方式的变化，思维方式的变化也就影响了经营思路的变化。我们来理一理流量路径的前世今生。

流量用经济学的理论来说就是注意力经济，眼球在哪里，注意力在哪里，人流就在哪里，风口就在哪里。

1. 媒体流量时代

在媒体流量时代，没有流量一说，起码是没有今天人们对流量的观念认识。电视媒体之前，广播媒体时代、报纸媒体时代流量更多存在于潮流当中。

媒体虽然能够影响注意力的走向，但是媒体无法控制流量如何变动，更没有办法对流量进行精确的分发。企业经营者也没有流量的概念，最多是通过媒体打造品牌，在渠道还不完善的年代，品牌也不具有流量可言，品牌更多是知名度的代名词。

可以说，在2012年前后，移动互联网浪潮风起云涌之前，传统媒体、电视媒体、广播媒体具有非常大的市场，也是最大的注意力聚集平台，只要具有一定的资本实力，媒体可以创造出极大的规模效应，投资回报率非常高。

媒体流量时代，也经历了多个阶段，最突出的就是省级卫视的崛起，央视媒体不再一家独大，尤其是以湖南卫视、东方卫视、江苏卫视、浙江卫视等为代表的媒体崛起，将原有的收视率份额重新瓜分，央视媒体的地位逐年削弱，甚至动摇。其次是综艺节目类中兴时代，省级卫视的崛起几乎全部依靠综艺类节目的注意力，一大批优质新颖的综艺节目让综艺节目跳出传统的频道和时段，成为新的流量之王，不少省级卫视单独依靠一档综艺节目就能超越其他电视台全年的收入。

从2013年、2014年媒体开始没落，时至今日媒体流量彻底沦陷，依靠综艺节目获得又一春的阶段也开始增长乏力，收视率和电视台应收相伴下滑。不难看出来，随着互联网的进一步发展，尤其是进入万物互联5G时代，传统媒体将跟流量这个话题绝缘。

2. 品牌流量时代

《流量池》一书的作者在书中讲到，流量即品牌，也就是说品牌是最大的流量池。且不论这个观点是否有争议，作者一本书的内容都建立在这个观点之上。事实上，企业要想持久地经营并不受困于流量，最初级的办法就是打造品牌。

叶茂中在《冲突》一书中说，品牌分为三个阶段，这三个阶段跟传统媒体的兴衰一脉相承，即品牌的形成历经了有胆、有识、有智慧的三个阶段。第一个阶段最初的80年代末到90年代只要有胆识的人，敢于在中央电视台打广告，就能建立品牌，就能一夜之间成为全国知名的品牌。第二个阶段，有胆量打广告还需要有独到的见识，各类营销传播理论，各类咨询公司、各类广告公司也就是在这个时候进入中国或被创立的，尤其以定位理论影响最深远，独占一个品类，创造新特性即能成就在某个品类的霸主。第三个阶段即智慧阶段，不仅需要胆识还需要智慧，需要通过创意、媒体组合拳等攫取注意力。

很多人说，品牌自身就是流量，但是品牌如果没有广泛的认知度或媒体资源支撑，品牌也就成了无根之源。说品牌历经了三个阶段并不准确，因为当前这个商业环境显然跟叶茂中所讲到的品牌三阶段不一样。不能说品牌在失效，更多年轻品牌的建立，更多具有非常广泛知名度的品牌要么苟延残喘奄奄一息，要么甚至直接死亡。

品牌理论永远是没有错的，品牌也是占领心智形成心流的灯塔，但品牌依然需要依赖于流量，只不过流量需要从其他媒体平台把注意力吸引过来，甚至私有化。但品牌却没有办法摆脱品牌流量外的支撑，任何一家公司不管品牌有多么的强大，知名度有多高，当增长陷入迟滞，品牌不再能为商品销售导入新的成交机会时，品牌即开始慢慢失效。类似于苹果这样的品牌，乔布斯时代，苹果从来不做广告，甚至公司内部不允许出现营销推广这样的词汇，但苹果却在2017年后大量投入广告，展开跨界合作，究其根本原因还是因为增量没有了，原有的量也在下滑。

知名度能够因为品牌的成熟不断自扩展，但是品牌有时候不能转化为我们当前说的流量，更不一定能转化为成交机会。这就是品牌的第四阶段，品牌开始没落了。品牌从来都不是知名度这么简单的事，更不是传播这么简单，品牌能够带来流量，但成交并不一定因为品牌。

3. 互联网1.0和2.0时代

互联网颠覆了传统媒体，并不是互联网的1.0和2.0阶段颠覆了传统媒体。

一切皆由数字编码成型，然后进行传播解码、译码。互联网的发展脉络，实际上就是人类生活的数字化发展过程，互联网、数据、人工智能与实体经济融合发展过程。概括来说，互联网发展经历了四个阶段：

互联网1.0阶段完成了传统资讯、广告业数据化，信息的传播和传统媒体没有太大差别，传播是单向的，网站把内容发布到平台上，网民被动接受。互联网1.0阶段即只读互联网阶段，它的巅峰产物是门户网站，在中国的代表网站即老牌门户网站，新浪、搜狐、网易，还有一些黄页平台，例如马云最早创立的中国黄页网等。

互联网2.0阶段即双向互动阶段，网民和网站之间，网民与网民，网站和网站之间的信息可主动进行交流互动，这个阶段完成了内容产业数据化。互联网2.0阶段更注重用户的交互作用，用户既是网站内容的消费者（浏览者），也是网站内容的制造者。不得不提的是，在互联网1.0阶段和2.0阶段，搜索技术的成熟，社交媒体开始兴起，搜索带来更高的效率，上传效率的提高，社交兴起让用户具有了创造内容的更好载体。网络线上游戏、个人空间、博客、社区、轻微博等应用形态出现，加强了网站与用户之间的互动，网站内容基于用户提供。网站的诸多功能也由用户参与建设，实现了网站与用户双向的交流与参与。

互联网2.0阶段带来的改变使得每一个人都化身记者、摄影师、导演，在网上分享文章、照片、电影和歌曲等。这时候，包括文字、图片、视频和音频在内的内容产业完全实现了数字化，内容的来源、传播方式也发生了深刻变化，数字化内容开始替代传统内容，并形成了新的内容形态。以前，我们通过专业记者的视角来观察这个世界，但这并不是我们眼中的世界。现在，随着互联网2.0阶段的到来，我们每个人都可以用自己的视角来看待这个世界，并向身边的人分享自己的心声。一些内容平台迅速崛起，打破了过去传统的内容产业链，并将其整合到互联网平台上，使得内容传播方式也发生了深刻变革。比如，现在我们很少看报纸，但并不耽误从电脑、手机上获取新闻；我们很少看电视，但并不耽误在电脑、手机上追剧；我们很少听广播，但并不耽误在一些自媒体平台听音频。这体现的就是内容产业数据化。过去，传统内容产业一定要跟实体经济紧密结合，遵循的是工业化发展的思路。而内容产业数据化后，整个产业完成了一个巨大转型，出现了现在的数字内容产业。

在互联网2.0成熟的这一过程中，我们看到很多报社纷纷倒闭，一些传媒集团发展受到挤压。由此可见，要迎合新的技术发展，必须诞生新的商业模式。总之，在互联网2.0阶段，数字技术对内容产业完成了数据化改造，使内容产业的产和销由分离趋于融合，基本达到产销合一。

4. 移动互联网阶段

移动互联网完成了生活服务业数据化。在这一阶段，移动互联网对几乎所有的生活服务业进行了数据化改造。

移动互联网和PC互联网有着根本上的区别，表面上看只是上网的平台不一样了。人不可能永远背着一台电脑插着一根网线，一旦离开电脑桌面就意味着网络断开，但可以通过移动平板或手机随时网络在线。PC互联网时代诞生的QQ，一个PC网络工具就能让不少人沉迷其中，而移动互联网诞生了无数可连接的工具。以微信为代表，微信已经成为生活的一部分，人与人之间连接几乎不再依赖于处于某个特定空间的网线或PC工具，更不会跟人说在吗、再见、我先下线了、886这样的词汇，因为移动互联网摆脱了空间，跟人连接轻而易举，永远在线。

其次是，移动互联网将三个不同维度同时融入互联网，即时间、空间和身份。互联网的1.0阶段，不管是雅虎还是谷歌的搜索，信息的分发方式都基于用户需求，与时间无关，而移动互联网时间成为最重要的信息组织和展现方式。微博资讯、朋友圈、社群信息、综艺节目等都是按时间先后来排序，没有时效性也没有移动互联网，时间是社交媒体唯一的内容呈现逻辑，用时间管理移动互联网上的内容说明时间这个维度不仅是线下生活的不可变轴，也是网络内容必须遵循的不可变轴。也正是时间维度统一，线上线下才能够真正地融合，才可以实现即时的创造、传播、呈现和互动。

再说空间维度，PC互联网时代位置只能通过文字来进行表述，然后需要在网络上搜索，查找线路，然后记录路线再前往。移动互联网自带空间维度属性，一部手机走到哪里位置秒刷新到哪里，无论是哪一种交通工具，都不妨碍位置的跟踪和记录。也正是给予空间维度的改变，人们的出行方式才被改变，生活平台、网约车、物流快递、天气等都实现了移动互联网化，这些全都依赖于移动网络的发展。

在互联网2.0时代，人们也可以拥有一个身份在网络上活动，可以创造内容，可以积累影响力，但移动互联网阶段的身份跟PC互联网阶段的身份不一样。有段子叫"在网上没有人知道跟你聊天的是不是一条狗"，匿名社交是一个时代的产物，匿名社交也是那个时代的魅力所在，即便在现在阶段，匿名社交仍然具有市场。移动互联网时代，手机会记录用户所有的信息，每个用户都有独立的身份，手机成为私密的工具。虽然用户的身份不可被泄露，但用户的特征会被网络描述成为画像，清清楚楚展现在每个人的身边，这就为互联网的进一步发展，即智能化提供了可能。

人工智能这个词汇，看似是一个新词，实际已经被人类研究了70多年了。计算机并不具备人的思维能力，但因为移动互联网能够记录人的行为，人工智能机器就可以统计人的行为和反射，当人们出现某个行为时，人工智能可以预测人类下一步的需求，这也是人工智能存在的基础。

时间、空间、身份三个维度的统一，使得我们可以畅快地享受移动互联网提供的订餐、出行、保洁等服务。移动互联网几乎将所有的行业改造了一遍，购物、生活服务、交通出行等。更重要的是，移动互联网大大降低了网络的门槛，让更多人有机会进入网络这个大潮中，尤其是对于中国这样的人口大国来说，足量的人触网让互联网具有更广阔的向上发展空间，也就是5G时代到来后的万物互联阶段。（见图1-1）

图1-1　互联网及电商发展史

5. 物联网阶段

万物互联阶段，就是万物皆可相连，一切皆被数据化。互联网的发展最大的问题是人，人是首要触网的单位，互联网从1.0到2.0再到移动互联网阶段，都是在围绕人不断演进，可以统称为人和机联网，人机统一不断融合统一的过程。

人的需求永远无法被满足，但基于人的核心需求，在4G网络时代，在移动互联网阶段，人联网基本成型。接下来的问题是，人联网了，那么一本书要不要联网，一组沙发要不要联网，一台叉车要不要联网。可能你会说，一本书联网干吗？你是否有过这样的场景，你自己的书架，你要找一本书，但怎么都找不到？你却没有办法搜索。虽然移动互联网解决了问题，但实际更多的现实问题还没有解决，一辆车联网后，你把车停到大停车场，你不用费尽力气去找车，你可以站到商场门口等车来接你，你也完全可以坐在空调屋里控制一辆工程车进行施工。万物互联网一定是未来发展的必由之路。

4G网络已经没有办法满足工业、商业、农业等的需求，随着5G技术的成熟，更高速度数据传输，更低的延时，整个社会进入万物有灵的时代。举个简单的例子，工业品时代，以前商品生产完毕，流出车间，进入仓库它已经死了。也就是说，这个商品一旦下线，就不会再有任何形态上的改变，是一种固定形态。就像一个咖啡机，这个咖啡机可以跟它面前的任何一个人交互，只要你站在它的面前，它可以知道你的爱好，甚至知道你此刻的心情，你想要什么口味的咖啡，你的健康状况是否允许喝咖啡，你有没有时间喝这杯咖啡，这个咖啡机完全可以代替服务员，而且不会让你担心服务哪里不到位，全都因为全方位的数据采集变成了可能，而数据的处理要比普通的一个服务员快、精准。

6. 流量时代

为什么要扯互联网的发展进程，事实上互联网的每个时代都是一个风口，都是一次新的变革，而在这每一次的变革中都会诞生很多超级流量体，只是在不同的发展阶段踏入互联网的用户基数不一样，超级流量的体量就不一样。

从最开始的互联网1.0阶段开始，门户网站是超级流量体，门户网站依赖于广泛访问流量通过售卖广告，通过广告展示和点击获取广告费。接着是搜索引擎的出现，搜索引擎出现将网络流量带到了一种新的分发模式下，一直延续到今天，这种流量分发模式也是当今流量越来越稀缺的重要原因，就是通过关键词的竞价然后对流量进行分发。

搜索引擎的出现，让互联网真正进入流量红利时代，虽然今天流量红利开始接近尾声，但依然处于红利末期。这中间经历过各种不同的流量载体，每个流量载体都从一开始的流量红利快速攀升到成熟，然后衰落。

团购网站，当时的团购网站百炼成金，至今仍然存活的只有美团，一家独大，完全转型。APP创业风潮，在移动互联网技术刚刚成熟的时候，各个行业垂直的APP多如牛毛，而且几乎每个APP都能快速融到资本，快速地扩大用户量。但随着超级社交媒体、购物平台、生活平台、支付平台的出现，微信、支付宝、淘宝、京东、微博、美团几乎替代了所有的APP，APP大战后创业进入资本寒冬，流量获取也从最开始的自然红利到最后所有创业公司都无法支撑，所谓的各个垂直领域的APP几乎全部死掉。

购物平台，现阶段除了天猫、京东、拼多多、苏宁等购物平台，其他平台存活都非常不易，而在移动互联网刚刚起步的时候，购物平台的用户增长速度都不可小觑，但随着竞争的加剧，流量自然回到了巨头手中。

生活、出行服务平台现阶段只有美团、饿了么、滴滴出行和一些共享单车公司。外卖大战，美团、饿了么背后的金主疯狂资金支持，用于开疆拓土，与其说是流量红利，不如说是资本大战，所有的流量红利全是依靠资本堆砌起来的。出行平台大战，同样如此，因为要教化用户养成网络出行的习惯，要让用户习惯于移动支付，腾讯和阿里巴巴这两大巨头疯狂烧钱，不到三个月的时间烧钱近百亿元。而现在移动支付已经完全成为每一个支付场景不可缺少的工具。

信息资讯，在2016年百度是所有商品的最佳招商广告投放平台，而随着社交媒体的崛起，微博、微信、今日头条等慢慢把百度的市场份额瓜分得所剩无几。作为曾经的BAT巨头公司，现在美国纳斯达克的市值甚至不如一个拼多多，百度的营收更多地依赖于医院类广告的投放，但投放效果也越来越差。

信息流资讯之后是短视频和在线直播，短视频和直播是当前所有社交媒体和内容网站都在大力培育和扶植的流量红利。抖音、快手等短视频带来又一个现象级流量红利，尤其是在抖音、快手的初创期，流量红利的增长让越来越多的企业开始改变营销策略，从最初的只运营微信公众号和微博官号，演变成两微一抖的格局。早期介入短视频平台的，都在初期获得了很大的收益。

门户网站、搜索引擎、APP大战、微信公众号、微博网红、O2O大战、网络直播、信息流资讯、短视频、人工智能、区块链等，互联网行业几乎每年都要炒出一个新的概念或风口。大多的风口都能带来实际的改变，能带来实际的应用，初入局者最先享受流量红利，然后流量红利爆发式地增长，最后涌入者过多，流量成本越来越高，商家都在喊着流量少，流量贵，流量获取太难。

从一开始的互联网1.0阶段到现在的移动互联网成熟阶段，网络群体的基数在不断扩大。根据工信部的数据，从2013年开始到2018年末，网民的数量从2008年前后的2.98亿用户攀升到2018年的8.28亿用户，世界上没有哪个国家有中国这样庞大的用户数，但是每个阶段流量最后好像都枯竭了。为什么会这样？

现在想要打造全国知名品牌要投入的广告费用恐怕是2000年到2008年之间的十倍都不止，甚至现在有的企业即便是花钱也出不来效果，互联网之后品牌的打造也变得更难。可以说，从步入移动互联网阶段开始，品牌思维相对于流量思维就变成一种慢思维。

不管是互联网1.0阶段，还是现在的移动互联网阶段，还是接下来5G网络带来的万物互联阶段，互联网跟传统媒体思维、跟品牌思维有着根本上的不同。品牌思维是一种慢思维，品牌可以带来流量不假，而且品牌能够将流量成本压缩得越来越低，能够降低用户的选择成本，能够提升产品的势能，单从这两点来说流量思维就没办法比。但是，品牌是需要时间和雄厚资本等来一点一点积累的，这积累不仅是攫取注意力积累，还需要服务、公关、产品、包装、渠道，不断的产品迭代全方位动作才能塑造成的，表面上看就是花钱投广告就行了，而广告能解决的问题太有限。品牌代表一种不确定性，从社会学、经济学角度来说，品牌是社会对某个符号性商品的一种全民监督机制，是企业为了防止自我犯错而能够让用户快速找到并惩罚自我的机制，这并不代表品牌一定能够惩罚自我，品牌是一种公众有限信任的集合。所以，品牌想要转化为用户的选择机会，需要依赖的东西太多，需要渠道的展示，需要对用户进行心智唤起，甚至可以说广告一旦停止，用户就可能很快将这个品牌忘记。有人就提出了广告投放的原则：广告投放就像吃药，药不能停，药不能换，药量不能减。所以，即便是像可口可乐这样的伟大品牌，也有销量断崖下滑的一天。

三 传统流量红利的终结

◆ 流量漏斗

销售很大程度是流量漏斗的筛选，所有的销售都基于流量的转化，不管是品牌流量、渠道流量、广告流量，还是互联网流量，没有流量就没有销售。

以实体店面为例，将店面开到一条街或开到商场里，基于空间约束，原则上来说这条街或进入商场的人流就是你可触及的流量上限，你要获取客流成交只能想尽办法让人看到你的店面，走进店面，然后才有成交的可能。尤其是对于快消品而言，客流量基本是固定的，要想消费者最大限度选择你的商品，只能不断抢占柜台的排面，抢占收银台附近的位置，把产品摆在货架最显眼的位置，这是农夫山泉等成功快消品制胜的法门。那你说哪个品牌有这么大的工夫天天去一个商店一个商店抢占位置？你还别说，大多数的快消品，农夫山泉、百岁山、伊利、蒙牛、老村长酒等都陷入这种血海争夺中，除了品牌的影响力外，终端门店的位置争夺到了夸张的阶段。

流量漏斗原理决定了，你的品牌强势有强号召力，流量漏斗的转化效率就更高，而对于那些弱势的品牌，进入漏斗的流量就是再多，能够获得的转化也有限。对于实体渠道是这样，对于互联网流量同样如此。

互联网也是一个流量漏斗。也不能说互联网流量一无是处，《裂变》一书中我们讲到，互联网能够消除信息的不对称。例如我一个朋友是做国学机的，类似这样的冷门领域，全国的需求量也非常有限，线下实体店购买不太现实，但通过搜索就能快速找到全国各地的供应商家。虽然看着小众，但是他一年也能达成几千万的销售额，只是最近两年做不动了，互联网流量成本越来越高。

互联网这个流量漏斗为大多数弱品牌，甚至一些新生品牌提供了一种新的选择可能。这些品牌大多数没有雄厚的资金打广告，进行长期的品牌积累，也没有能力背靠一个大的经销商，一下就把自己的产品铺到全国的市场。更多时候品牌和渠道是相辅相成的，有资金烧一把打造知名度，但是没有渠道没有触点，购买场景不再，最后都是过一把瘾就死，这种运作模式天天都在发生。

更多的商品从一开始就不具备任何品牌积累的操作条件，永远是一个默默无名的小品牌，但互联网流量可以带来直接的成交。以百度为例的莆田系医院，公立医院床位难求，从来不会在百度投入广告，这些私立医院却给百度带来了百分之八十以上的收益。

互联网技术的革新，带来了品销合一的可能，也就是在投放广告的同时能够带来销量，但互联网流量更多地被利用为销售，没有人把互联网媒体作为品牌建设的主阵地，尽管他们离不开。为什么这样？

◆ 财务思维

财务思维是基于漏斗思维应运而生。这话怎么说？

互联网的流量漏斗模式给所有企业带来的最大改变就是，投入产出可以通过数据量化了。传统的广告投放，尤其是报纸、广播、电视媒体等广告投放也可以对投入产出进行量化，但这个量化粗糙不准确，时效性很差，而且品牌这个东西更多时候没办法带来直观的销量改观。但是互联网流量，尤其是购物平台、搜索引擎、信息流广告投入资金所带来的流量，能够带来直接的订单成交，投入多少钱带来多少利润一键即可算清楚，所以这就有了投入产出比的财务思维。

广告界有一句非常出名的话：我知道我的广告费用一半浪费掉了，但是我不知道是哪一半浪费掉了。这句话流传很广，也坑蒙了很多广告主。为什么有这种说辞？说到底还是因为广告的投入产出比没有办法精确计算。这也是一种非常精明的财务思维，但不见得是一种好的企业经营思维。

当所有的投入产出比可以用数据算得一清二楚的时候，那么也就是企业主没有利润可图的时候。因为，你可以算得清楚，其他商家也可以算得清楚。你可以用现代化的数据管理销售，其他公司也可以，同时经营风险对于所有人来说都是差不多的，所以投入多少钱能产出多少利润一清二楚。风险和利润永远是一个硬币的两面，没有风险利润超级高，只有骗子才会说这样的话。

正因为有了这种财务思维，才会拿更多的钱去买搜索流量，因为根据以前的数据只要投入就有回报，但回报只会越来越低，直到毫无利润可言。这就是互联网流量的成本困局，财务思维会害了一家公司。我有一半广告费浪费掉了，这个论调就像一个将军派出了10000人出去打仗，仗打赢了，然而将军却说，我怎么派10000人去呢，我是不是派5000人就能打赢，我那5000人是不是浪费了。

财务思维和流量漏斗一脉相承，因为数据能算得清楚，那么有些没有远见的企业经营者就更愿意把钱投到看得见摸得着的地方，投入进去一个就想立马快速地有1.5个的回报。如果说这种快速、风险可控的流量是一种药的话，那么这种药迟早要演变为一种依赖性毒药。

◆ 品类流量

互联网流量能够分很多种，简单分可分为品类流量和品牌流量。

很多品类都有为人熟知的巨头企业，然后几乎占领这个品类，甚至成为品类的代名词。例如可乐就是可口可乐，虽然也有百事可乐、娃哈哈可乐、崂山可乐，但可口可乐能够替代通常意义上的可乐。例如火锅，一说到火锅首先想到海底捞，火锅带来一个餐饮菜系的品类，海底捞就是火锅这个品类的典型代表。

品牌流量和品类流量有何区别呢？

通常来说，在搜索引擎里进行搜索的时候，消费者更多时候搜索品类，例如你要购买一个汽车的临时停车牌，因为没有知名品牌在你脑海，你只能搜这个产品的品类。网络购物时，品类是一个非常广泛的包容性词汇，这个包容词汇背后基本代表着需求，对于流量寻求的人来说就代表一个成交机会，所以品类词汇是互联网流量竞价的核心。每一个搜索背后代表成交机会，而这个需求一旦成交那么这个客户基本不会再次搜索，即便是复购性非常强的品类或产品，只要这个客户购买了，下一次购买原来的商家可能性也非常大，就像孩子的奶粉，孩子出生时喝什么奶粉，基本上就固定一个品牌一个味道了，很难改变，所以奶粉厂家在每个妇产科都有驻点代表，专门送奶粉给初生婴儿，就是这个道理。

品类关键词是激烈竞价的重灾区，例如医院类的不孕不育、人流、美容整形、微整，例如婚纱摄影、旅拍，例如投资项目、加盟、创业，等等，这些关键词的价格都非常高。我有一个做美容整形的朋友，每年能做600多万元的营业额，单独通过竞价买关键词一年要花出去差不多200万元，算上其他异业合作引流等每年流量费用差不多300多万元。一年600多万元的营业额，到最后基本上不挣钱，尤其是在2016年下半年开始到2018年。流量的费用投入越来越大，关键词的价格越来越高，高到你看不清楚，但是转化和成交率却越来越低，还时不时遇到同行恶意点击。结果就是营收额不见增加，坚持到2018年10月终于坚持不住，收手不干了。

品类流量没有办法建立品牌积累，因为经营者在建立进行流量获取的时候是通过品类关键词进行获取的，例如婚纱摄影、不孕不育、空气净化器、矿机、燕窝、鱼翅等，这些关键词搜索基于模糊搜索，不会直接指向一个品牌，更不是消费者心智已有期望的满足，更多时候是被拉入一个暗箱中，通过各种诱惑或诓骗然后成交。虽然中国这个市场足够大，但是这种通过品类搜索获取流量的方法不是长久之计，几乎每一个品类关键词在一段时间的竞价之后，有这个品类需求的人都被吓破了胆。为什么会这么夸张？

毫无行业道义可言的关键词竞价模式，从一个品类或者是一个产品，例如无扇叶风扇，从一开始发出，到最后满大街都是根本不需要两个夏天。一个夏天，跟进者成千上万，因为这些品类没有知名的品牌，只会通过品类关键词进行搜索，而且一旦进入店铺购买的可能性很大。从一开始的入局者10块钱一个关键词点击，最后发展到200元一个关键词点击，搞到最后市场的容量从一开始较小，入局者少，到流量被炒起来，入局者也开始增多，最后到流量红利殆尽，最早的入局者退出，但后续入局者还在不断增加，最终流量越来越少，但是经营者却越来越多，购买关键词的费用越来越高。大多数的小物件，只要是没有形成绝对品牌的品类或品相，几乎都沿袭这一个模式走过来。最好的结局就是，某个经营者通过流量积累最终形成品牌，也就是我们说的网红品牌、淘品牌等，把流量积累为品牌才能够占领品类，形成长久的低成本流量生存下去，否则所有依赖这些品类流量的经营者最终都会陷入骑虎难下的境遇。也就是，通过品类流量进行延续经营，你永远挣不到大钱，但经营得当也不会饿死，因为投入产出比能算得一清二楚的时候，谁都知道要花多少钱能带来多少产出，竞争的结果只能微薄到支撑生存。而饿不死的关键就是有一个出色的ROI（投资回报率）。

◆ **品牌流量拦截**

品类流量相对应的是品牌流量。

从互联网开始那一刻起，从流量掌握在互联网平台手中后，这些平台干的最恶毒的事就是对品牌流量进行拦截。

我们常说的蹭某个人的流量，蹭某个热门话题、热点的流量然后用于自己的营销。在笔者看来，这些蹭流量的事对于品牌基本无意义。大多数的品牌主都希望能蹭某个明星、某个热门话题、事件的流量然后让自己的品牌获得巨量的曝光，进而达到提升品牌知名度甚至美誉度的作用。最夸张的是，我还见到有些公司成立了蹭热点小组，推出了热点话题日历，提前准备，随时随地准备推出自己的内容进行话题炒作。某明星结婚了、然后离婚了；世界杯开始了、奥运会开始了；神舟飞船又上天了，学生又到高考了，双十一到了，圣诞节到了，情人节到了，春节到了，等等，尤其是有了微博微信公众号这些企业必备工具后，蹭热点几乎成了每个企业品牌部或市场部的日常工作，是个热点就要蹭一蹭。蹭热点的套路无非是，发现或提前预知重大事件要发生，寻找与品牌相关的契合点，制造一语双关的话题，加logo，进行品牌植入或品牌露出，投入大的企业会做个事件营销，拍个视频，甚至是提前上刊广告，投入小的就是微信公众号推张图片，然后发一发朋友圈。营销策划公司把这种蹭热点的营销推广方式起了个名字叫借势营销。

蹭热点无可厚非，热点之所以成为热点一定是迎合了特定场合下的某些人的情绪需求，能够让人们在特定的时间发泄情绪，进行能量释放，过了这个时间也就不会再有人想起这些事。所以，蹭热点更多地是一种和用户情绪上的沟通，不是什么热点都可以蹭，如果仅仅是快餐式蹭个热点意义不大，你的品牌没有办法与用户的心智和印象建立关联。蹭热点需要在特定的场景充分利用情绪进行交流，在特定的情绪场景中建立更强的情绪能量场，让用户参与进来，只要用户情绪融入，那么热点就算被成功利用，否则热点对你来说无效。

品牌流量和品类流量不同。

蹭热点在更大程度上也是品类流量，是将品类流量导入并积累入品牌流量池的一种惯用方法。将品类流量导入品牌无可厚非，这是任何一个企业都在干的事，但互联网流量时代开启后，将品牌流量拦截也成为一种司空见惯的事。

我们说，品牌是最稳定的流量池，因为品牌流量只要需求被触发，用户或消费者被触点激活（或唤醒），那么品牌就能带来流量的转化，成交自然而来。传统媒体时代，品牌流量也会被拦截，但一般都是渠道拦截，比如你原本想买一台美的空调，但是走到超市后格力空调在搞活动，虽然品牌上更青睐美的，但架不住促销员的推介，最后你买了格力的空调。促销员为什么推介，可能因为格力的空调利润更大。OPPO和VIVO对于线下的品牌流量拦截利用的是最独到、最经典。

2015年到2017年这段时间，线下渠道复苏，在河南、陕西、山东这些地方，OPPO和VIVO大肆占领了线下的手机店，并将较高幅度的利润留给了手机店面的营业员，比如卖一台小米的手机营业员能获得提成50元，但是卖一台OPPO或VIVO的手机，提成能达到500~1000元，OPPO和VIVO一面通过超量的户外广告和电视广告释放品牌信号能量，一面通过店面的拦截，将华为、小米、三星的客户大量转移到OPPO和VIVO上，使得OPPO和VIVO的手机出货量在2016年一举超过华为和小米，跃居国产手机头名。

线下的品牌流量能被拦截只能说其他品牌的品牌积累还不够，用户对品牌忠诚度不够，要么是品类对品牌的要求不高。线上的品牌流量拦截完全可以称之为恶毒，流量进入互联网流量时代后流量分发平台干的最恶毒的事不是竞价排名，谁出价高谁可以获得品类流量，品类流量本来是无主权人流量，而是将品牌流量拦截，偷梁换柱进行流量分发。

百度竞价上，我原本想搜索北京友爱医院，这是一家位于大兴区的公立医院，当我搜索的时候，前几条搜索结果都指向了其他医院。这就是我们所说的偷梁换柱进行流量分发。

◆ 流量自主权

流量是企业销售唯一的转换工具，因为无论是哪一种销售渠道或方式，离开了流量销售都无从谈起。以传统的销售渠道为例，即便你把商品铺货到所有的店面商铺，每天站到你商品面前的消费者大有人在，但并不代表你可以产生销售。就算你建立了海陆空式的销售渠道，你的产品有广泛的知名度，也不代表着消费者会选择你的产品。也就是说，对于大多数的品牌，正在或者已经失去流量自主权。

流量自主权分两个层面的含义，最基础层面的含义就是作为企业经营者，你从一开始就没有长远规划流量的低成本自扩张，销售的模型从一开始就是那个流量漏斗转化模型，成交依赖于永远的外部流量导入，慢慢就造成你进入一种流量困境，饮鸩止渴，最终发展到不购买流量没有办法生存，购买流量又陷入经营困境的局面。我们这里说的不光是线上的流量型品牌，还有很多不依赖线上的品牌。我知道的一个老板，做儿童和婚纱摄影的，在郑州经营了差不多二十年，最开始他的店铺开在繁华的曼哈顿商圈，临街店铺，虽然年租金一年比一年看涨，但整体运营还算健康。从2007年开始购买婚纱摄影的关键词，前几年的关键词成本也就几块钱、十几块钱。2008年和2010年的一个夏天和秋天，就抵挡得上上一年的全部营业额，让他看到互联网带来的魅力。到2014年前后，经营情况还都不错，但到了2016年他开始有点支撑不住了，最后只能把临街店面转到附近的一个小区，租了个别墅，虽说位置偏了，但是感觉还可以，毕竟一套别墅比起临街的店面租金还要便宜不少。但2016年，他算了下账，这一年不仅不挣钱，反而还亏钱。他核算成本后发现，最大的支出已经变成了流量获取成本，综合算下来最高的时候获取流量差不多到1500元一个，而这个价格上去之后，在2017年就再也没下来。

我们说这就是一个标准的失去流量主权的过程。从最开始的稳定经营，到通过互联网搜索引擎、通过各种APP、通过异业合作来获取流量，获取流量的成本越来越高，转化越来越低，最终到难以支撑的程度。也就是说，这个饮鸩止渴的流量获取过程就是失去流量主权的过程。当他从踏入互联网，在一开始尝到甜头，他就逐渐地陷入了流量死循环，开始一步一步把自己关入流量商给他画的牢笼里，最终发展到，一年的利润几乎全部给了流量商，而他想把店面开回繁华的临街处，已经不具备这个能力。

不光是实体店铺，大多数的网络店铺也是如此。虽然每个平台都有天然的流量或者通过研究技术规则，通过精细化运营可以获取的流量，但说到底这都依赖于强有力的内容输出和平台红利的导入期和上升期，一旦平台的流量红利进入稳定期甚至衰退期，那么平台就开始大肆收割。就像大多数的产品一样，产品导入期赔钱，成长期投入降低，成熟期和衰退期必然要进行收割。不客气地说，这种情况的流量自主权一旦失去，那么对于品牌主来说，就是流量上任人宰割。

第二种流量自主权的丧失是指：用户对某品牌产品购买指向性的不笃定而形成的不稳定。所有的品牌都希望具有非常忠诚的粉丝型用户，粉丝用户对购买某些产品具有非常强的指向性和笃定性。不会因为品牌流量拦截，不会因为小的利益诱惑立马转投其他品牌。未来的商品世界是一个粉丝型产品世界，用户不再仅仅是简单消费，更多是扮演一个半专业化的顾问。也正是因为这些新型的消费形态出现，才让越来越多的传统品牌开始尝试转型，否则即使赢得了基本的流量主权，也会在流量主权的深度博弈中败下阵来。

◆ 流量红利的终结

从2013年开始到2016年，移动互联网获得了长足的发展，线上流量像潮水一样源源不断地流入这些平台型产品中，以BAT中的腾讯和阿里巴巴为代表，他们凭借非常低的线上获客成本，让不少的创业型产品一跃龙门，而现在我们看到移动互联网的渗透率已经见底，平台型产品的流量红利开始逐渐消失。而平台型产品的流量红利消失，也就意味着平台开始进入流量的收割期。而一些变现能力差、内容输出力差、运营力不强、用户黏性低的互联网产品将淡出人们的视野。

根据Questmobile统计，2017年中国移动互联网月活跃设备总数稳定在10亿个以上，从2017年1月的10.24亿到12月的10.85亿，增长变得非常缓慢，同比增长率也在逐年递减；用户月度总时长和人均单日使用时长增长缓慢；从App需求数量来看，35个已经足以满足用户基本需要，而中国市场上App数量超过800万个，市场竞争之激烈由此可见。从微信的官方数据也可以得到类似的结论，2017年第四季度微信月活用户数达到9.86亿人，QQ月活用户为7.83亿，用户增长已经接近天花板，业态马太效应开始显现，能够持续输出流量头部入口或是依靠强大内容或应用实现较强用户黏性、流量平衡的公司会变得强者恒强。

移动互联网红利耗尽，也就意味着获客成本的大幅提升。"头部入口"竞争的格局已定。截至2017年第四季度，腾讯凭借9.86亿个微信月活和6.83亿个手机QQ月活稳坐移动互联网流量入口的第一把宝座；阿里巴巴中国零售市场年化活跃买家数同期环比增加6%至5.15亿个，移动端更是增加至5.8亿个，微博2018年12月活跃用户数也增加至4.62亿个。在这样"得流量者得市场"的格局下，很多公司也表示获客成本不断增加，搜狗在四季度中就表示流量成本上升将导致一季度收入增长承压，其流量增长的38%来自腾讯，40%来自手机厂商预装获取，仅有22%流量来自内生增长；百度的流量获取成本也是占到总成本的10.7%，高达25亿元；陌陌和欢聚时代也表示在持续用新的方法获得新的流量，其中陌陌也收购了有1.1亿个注册用户的探探。

流量入口的平台型地位确定，移动互联网的格局确定，后续的入局者以今日头条系为例，又找到新的发力点，那就是聚合资讯，以千人千面的智能算法模式，针对用户进行智能分发流量，同时短视频抖音、快手等平台的崛起，流量入口的平台再生变故。互联网的技术基因决定了互联网的时间单位将变得越来越小，任何一个新型的入口级别的流量平台都有窗口期，今日头条的抖音、快手并不是原创型产品，但腾讯的微视即便给予再多的资源扶持，依然无法赶超抖音、快手，而抖音、快手也不会像微博、微信一样需要一个很长的时间段才能崛起，抖音、快手崛起之快，流量红利迅速冲顶，入局者之多，入局速度之快也是其他任何入口级平台不可比的，说到底还是因为其他流量平台的流量红利基本触底，对新的流量分发渠道的渴望。

像今日头条系的入口级的流量平台还要持续2年左右的时间，新的入口流量平台必然还会一个接一个地出现，但不管任何的流量平台所具备的流量红利期都会越变越短。不因为别的，因为当互联网的人口基数足够大，当流量饮鸩止渴的人越来越多，当流量获取越来越难的时候，那么人们对新生事物的渴望就会越来越强。但这挡不住流量红利的终结，可以用一句话总结，流量平台不常有，红利终结终有来到时。

◆ **品牌思维**

品牌是一种慢思维，但品牌一旦形成就会成为资产这没有错，而流量思维却是一种快思维。

什么是流量思维？为什么流量思维是一种快思维？

企业家期待把自己的企业做成百年品牌是人之常情，把自己的商品打造成全国知名品牌更是每个企业家的毕生追求。但问题是，如何成为品牌？成为品牌的道路有多难，成为知名品牌之前你是否能够生存下来。几乎没有人讨论过这个问题。

这就涉及了流量思维，到底是卖货重要还是打造品牌重要？两者不能兼得的时候，是不是卖货更重要。在产品如织、血流成河的快消品行业，几乎所有的产品都希望成为知名品牌，但更多的商品消费者都没有听过，即便是听过一次两次也不足以形成品牌流量，品牌不仅是知名度、美誉度的问题，有时候更多的是选择机会的问题，更多的是场景的问题。

流量思维简单来说就是抓机会应场景的思维，是即时生效思维，是生存思维，而不是长效品牌思维。举个快消品的例子，在爬山的过程中，你需要喝水。你看到一个不知名的矿泉水品牌，你从来都没有听过，如果其他场合你是绝对不会买这个无名品牌的水的，你只买农夫山泉，但是眼前的选择机会只有这个无名品牌，你肯定还是会选择。另一种场景，一位宝妈要买一个儿童车，她之前没有相关了解，但急于用，所以就在百度上搜索，看到之后没有对比然后就下单购买。为什么没有详细对比，因为品牌说到底是一种产品丰富机制下的对比选择，但对于很多人来说第一次选择或者懵懂选择的时候根本不知道对比，或者在有些场景下没有办法对比。

流量思维和品牌思维的运作方式并不完全冲突，但也有不同的地方。如果坚持绝对品牌思维，那么流量思维则不适用。而互联网的信息呈现逻辑更多是一种流量思维而不是一种品牌思维。

从搜索开始，用户搜索平台呈现就一直是互联网主要的信息呈现方式，这是一种互动的方式，用户的所有操作都有反馈。这也就为恶性的竞价提供了生存的土壤。正因为用户把需求暴露给平台，不管资讯平台还是购物平台，只要是通过搜索呈现需求，平台就会将需求信息以竞价的方式进行售卖，然后商家进行竞价获得。用户的数量基数足够大，但架不住这个产能过剩时代的疯狂竞争，只要有一点点利润，那么竞价就无止境，直到几乎没有利润可图的时候，对需求信息的竞价才会终止。搜索平台会把需求信息卖给多少个竞价者？唯利是图的购物平台、搜索引擎平台的竞价机制决定了它们不会把用户卖给单独一个商家，也就是说，需求信息要多次分发，重复分发。虽然，需求是唯一的，就像我要买一辆车，我到汽车之家填写了自己的电话，汽车之家会把我的信息反馈给多家4S店，即便我已经买过车了，仍然会有4S店不断给我打电话。所有的购物网站都是这样一个套路，互联网流量的特点就是需求唯一性，起码是基本唯一，而且具有排他性，只要需求满足就不会再继续。

除了搜索引擎竞价机制外，另外一种互联网流量就是平台对流量进行分发。对于各大网络平台来说，购物平台、生活平台都掌控着巨大的流量，以淘宝为例，淘宝想要某个商品起来，只需要进行流量分发就可以让它有接不完的订单。信息流广告同样如此，依赖于流量的精准分发，可以通过地域、年龄、性别、身份标签、职业等不同的维度将信息分发到不同的人群当中，但这种分发大多依赖于展示付费，不管有没有效果都需要给平台缴纳大量的费用。

除了搜索引擎的竞价和平台分发两种流量机制外，还有就是通过规则的利用，也就是通常所说的关键词优化、内容等获取流量，不过这些传统的方式一旦到了平台，流量红利的后期基本失灵，成为鸡肋，弃之可惜，不用又不行。

所以，说到底不管是竞价机制，还是平台流量分发机制，还是依赖于规则进行优化获取流量，流量最终都掌控在平台方手中，平台方一方面利用用户创造内容，丰富类目，吸引更多的用户，另一方面又管控着流量，利用流量的分发使得自己利益最大化。不管对于平台来说，还是对于商家来说，互联网时代说到底就是一个流量的时代，流量决定着一切，没有流量则永远默默无名，品牌更无从谈起。

| 第二章 |

流量新趋势和企业要有新流量思维

一 什么是私域流量

◆ 奢侈品的流量主权

奢侈品属于某个品类的产品，但奢侈品没有品类一说。也就是说，奢侈品从产品属性上讲它属于某个类别的商品，但是超越了品类特性成了奢侈品。没有哪一个用户说它要购买奢侈品，然后以品类名词来代替。

奢侈品通常都不是大众消费品，所面对的消费者数量也非常有限，但是每年依然要投入巨额的广告费保持媒体宣传，而且媒体选择非常讲究，廉价媒体向来不投。为什么一个受众狭窄的产品还要不断地投入广告费用进行宣传？这就是高端品牌的原理所在。

即便是只针对很少的受众客户，也依然需要让圈子内的所有人或更多圈子外的人知道该产品的相关属性，否则就是失去了奢侈品的特性。购买奢侈品更多时候购买的是奢侈品在他人眼中的印象，巨额广告费就是奢侈品商代替奢侈品消费者管理他人印象所收取的费用。对于诸多的高端品牌、会所、服务类公司，虽然小众但更多的时候还要成为区域内、行业内知名公司甚至全国知名公司才有资格服务这些高端客户。

任何奢侈品都有一个非常稳定的流量来源，用户对这些产品的购买指向性非常强。这个流量基于品牌，与品类流量没有太大关系，无论品类流量是萎缩还是爆炸式增长。就像一个汽车品牌，同样是汽车，无论汽车市场是处于上升期还是在下滑期，购买20万级别车辆的人会快速升降，但是购买劳斯莱斯的用户却不会有大的改变。

为什么奢侈品可以超越品类而成为超级品牌，其实说到底这是一个品类流量和品牌流量的区别。

依然以互联网为例，大多的搜索竞价广告投放的都是品类，也就是说，用户在搜索某个品类的时候，我们把用户给拦截过来了，不管它出于何种目的搜索一个品类名词，都会被搜索引擎带到某个竞价投放广告的商家店铺里，然后根据漏斗原理进行成交。当漏斗带来的成交客户数足够多，且产品能够满足用户的预期时，品类流量会慢慢转移为品牌流量，成为淘品牌，但更多购买品类流量的经营者只会把某个品类或关键词价格炒得越来越高，最后品类流量在搜索引擎里基本失效，转化越来越低。这也是搜索引擎时代过去，社交媒体崛起的一个主要原因。

奢侈品不会去购买品类流量，更不会对某个品类进行投资，奢侈品所有的投资只可能投资到品牌身上或者与奢侈品相关的人身上。所以，品类是一个名词，品牌也是一个名词，品类这个名词永远无法超越，但品牌这个名词却具有无限的潜力，甚至可以超越品类成为品类的替代词。接下来我们就说一说和品类、品牌相关的公域流量、品类流量、品牌流量和私域流量。

◆ 什么是私域流量

私域流量，这个概念一直都存在，只是在不同的时期有不同的叫法。2018年底，吴晓波在八九零公司年会上高度概括的提炼让私域流量这个名词被越来越多的人熟知。几乎每个人对私域流量都有自己的理解，概括来讲：流量锁定在自己的手中，且流量使用的规则由自己制定，而不受外部力量干涉的流量称为私域流量。通俗地说就是，我的地盘我做主。

私域流量到今天被人提出主要还是基于私域这个单位在不断演化改变。

私域流量是一个相对的概念，因为单位一旦改变那私域很可能就变成公域，公域也可能变成私域。公域流量简单来说就是自己对流量没有自主权，每次使用都需要花钱从其他平台购买流量，使用流量需要遵循流量平台的规则，价格亦不由自己制定。比如百度搜索、今日头条、抖音、快手、微博的信息流广告，淘宝的直通车、朋友圈广告，视频网站的贴片广告等。

流量是互联网的基本概念，互联网里所指的流量一般指网站的基础访问量，常用指标是PV和UV。PV（page view）指的是页面浏览次数，UV（unique visitor）指的是网站访问人数，不管你打开过多少页面都算一个人。互联网流量就是有多少人来了你的网站、公众号、APP、网店。

流量这个概念不仅仅是指互联网那点访问人数或页面浏览数。互联网之上的流量我们称为线上流量，而互联网之外的所有流量叫线下流量。电视台有流量，在综艺节目没有兴起之前，每到晚上七点半后，人们吃完饭坐在沙发上等着看电视剧，每到除夕夜晚上8点，人们都坐在电视机前看春节联欢晚会，这不是电视的流量，而是这部电视剧、这台晚会在这个固定的时间场景所能展现出的巨大流量号召力。步行街也有流量，每一个商场都有流量，一个万达广场在河北廊坊一个40万人口的小县城，每天都能涌入5万人次，也就是说这个县城平均每天有八分之一的人都到这个商场逛一圈，这就是万达广场的流量号召力。那这些流量算是公域流量还是私域流量呢？这些流量属于谁的呢，谁能反复利用这些流量变现呢？

私域流量和公域流量是一个相对的概念，网站的流量属于站长的，央视春晚的流量属于中央电视台的，淘宝的流量属于阿里巴巴的，百度搜索的流量属于百度的，微信朋友圈的流量属于腾讯的，万达广场的流量属于万达的，步行街的流量属于所有人的，是公有的。所以，你就可以看出，大街上的流量属于公域流量，但万达广场里的流量就属于万达，春晚的流量就属于中央电视台。公域流量不属于任何一个组织或个体，是集体共有，私域流量就属于某个个体。但即便是公域流量也不是你可以无偿使用的，你更没有制定规则的机会。大街上的流量，你要想开个店铺就需要租下门脸房，还要交税金，一旦你开店之后那么大街上的流量你才有接触到的可能。

公域流量和私域流量的大小问题，公域流量是不是一定大于私域流量的范围，通常而言是这样。例如你从大街上走进了万达广场，大街上的人群相对于万达广场那就是公域流量，而万达广场上的人终将离开再回到大街，还可能再次走进万达广场，万达广场反复利用大街上的人群。如果你从微信搜索里搜索某个商品，微信把搜索链接导向了京东，那么微信里的流量相对于京东就是私域流量，腾讯就成了公域流量。但是如果你在京东里搜索钢琴，然后京东把搜索结果导向了某个钢琴店铺，那么京东自然就是公域流量单位，而店铺是私域流量单位。

2019年的6月下旬，媒体爆料阿里巴巴和今日头条系下的抖音、快手合作，阿里巴巴出资70亿元人民币，抖音和快手等平台则将平台内的短视频流量导入淘宝、天猫等平台。如果单从电商流量来说，阿里巴巴的流量单位不一定比抖音和快手小，但流量的需求永无止境。相对每个淘宝店家来说阿里平台绝对是巨无霸式的公域流量单位，即便这样大的流量单位也需要从外界导入流量，这个时候你说谁是公域流量谁是私域流量，更多地是流量需求方在这里扮演了私域流量的角色。

㊁ 私域流量的本质

◆ 私域流量的成因

移动互联网到来之前，依然是超级中心化媒体的时代，不要说以个人为单位的私域流量崛起了，99%的企业经营者也没有办法触达中心化的地方。以央视媒体为例，1995—2008年，央视广告标王都节节攀高，只有行业巨头才有机会参与竞标，其他企业根本没有机会也没有实力去央视投放广告。去中心化的意义不仅在于把大平台变成一个一个的小平台，把超级流量体变成多个流量体，更重要的意义在于移动互联网诞生之后，互联网个体或中小企业经营者提供了参与的渠道和方式，参与的门槛也变得非常低，所以说私域流量出现的第一个必要因素就是：中心化商业时代被改变。

移动互联网带来改变，去中心化是大势所趋，去中心化后，崛起的平台越来越多，对于大企业来说是渠道分化，对于中小企业来说是机会。但终归有一点，去中心化后的次中心化平台反而越来越多。经过几年的惨烈竞争，网络4G时代的格局基本显现，以阿里系为代表的淘宝、天猫、优酷、饿了么、支付宝等，以腾讯系为代表的微信、京东、腾讯视频、滴滴打车等，这些平台都成为一个又一个的中心。而随着美团、今日头条、抖音、快手、火山等又成为垂直领域的中心。5G时代已经到来，5G时代的应用产品会在2021—2025年集中爆发，人们的生活将再次发生翻天覆地的变化，届时必然将诞生新的超级中心化平台，至于是什么平台还难以预测。

去中心化之前，原本打造一个广泛知名度的品牌，只需要通过中央电视台一家媒体即可，央视媒体在那个时候具有超高的权威性和流量分发效率。随着省级媒体崛起，互联网的发展，尤其是移动互联网，依赖传统媒体打造全国性的品牌已经变得越来越难。很少有雄厚资本支撑起长年累月进行全方位广告的品牌，品牌是需要长时间积累的，这已经不是有钱有胆识就可以赢得市场的时代。打造一个国家级知名的品牌越来越难，这有时候不是企业实力的问题，更多关乎产品、渠道、消费者等各种环境的变化。以恒大冰泉为例，财大气粗的恒大冰泉声称要在短短三个月的时间扩张到全国，攫取20%以上的市场份额，代言人换了一拨儿又一拨儿，广告铺天盖地，活动声势浩大，最终惨淡收场，品牌积累归零。恒大冰泉的失败并不能说明什么，结合当前阶段形式，只能说消费者的注意力习惯和生活习惯已经发生了改变。

超级中心化的流量被一个一个的次级中心化流量所瓜分，且在5G成熟应用之前当前的格局基本稳定，不会有大的改变。而个体意识的崛起，人人都对新流量入口趋之若鹜的情况下让每个平台级入口的流量红利期都大幅度缩短，流量红利被迅速瓜分。所以，无论是什么级别的私域流量体都需要不断地拉取新的流量，要的就是能把流量红利期延长，将自己的私域流量池子扩到足够大，也只有具备了规模才能够成为壁垒。

私域流量能够分裂为以个人为载体的单位，还要感谢移动互联网之后民众意识的觉醒、营商环境的改变。

全国性品牌的打造越来越少，但是小众品牌却越来越多，小众并不代表着低劣，更多的小众只是在某个圈子里流行，圈子之外的人并不知道。小众的裂变趋势就是，以小米为例，最开始大家都以为小米这样的互联网手机不会有太大的市场，最先也是在互联网群体和创业人士中火起来的，但后续一发不可收拾。小米的模式打破了之前国产手机低端、与运营商绑定套餐、型号杂乱的特点，最终使得国产手机品牌都走上小米的道路。

小米是小众品牌崛起的一个代表，它的崛起模式有一定的路线可循，那就是抛弃了传统媒体时代产品上来就进行铺天盖地的广告宣传，然后全国招商，一下把产品铺到全国的路子。小米的低成本法则，让中小企业经营者，让一个一个的创业个体找到了可遵循的路线。我们身边没有见过的小众品牌越来越多，通过微信公众号、微博、直播平台、抖音、快手等累积起粉丝的个体也越来越多，这些个体通过优质的内容吸引用户的注意力，然后变现。

除了技术层面的原因，发达的社交媒体甚至影响着人们的心智和信任结构。

阿里巴巴用了数年时间构建了一套成交、评价、信任、售后体系，但随着平台竞争环境的恶化，这套信任体系让诸多人存疑，甚至不再相信。

微信这种社交属性极强的平台，带着天然的成交属性。两个从来没有见过面不认识的人，三言两语就能够成交。这种看似没有保障的交易机制说到底是一种信任结构的改变。当前的营商环境，几乎人人都在营商，人人都是人格化的商业体，人人都想打造个人的IP，在如此畅通的营商环境上，人们可以通过简单的沟通判断这个人是否可信，如果可信立马就会成交。微信为每个人提供了一个展示自我的空间，加上一个人与一个人接触的时间长短，熟悉程度就能让人产生信任。就这样一点一点累积，微信的信任结构慢慢改变，其他社交媒体的信任结构也在改变，最后使得整个社会的信任结构发生改变。

我们要讲私域流量，不是只讲微信一个平台，但是无论是什么平台最终都脱离不了微信这个超级的社交平台，没有一个平台能够像微信这样强大，它在一定程度上打破了阿里巴巴、京东等电商平台构建的那套评价信用体系，衍生出一套基于熟人、半熟人，无须任何背书的信任机制。也正是这样的环境改变，私域流量才具有真实的可操作性。因为，社交身份与商业身份的统一，让熟人、半熟人成交只需要通过一个最熟悉的平台即可把交易完成。其他的任何平台，要么是不带社交属性，要么是不具有成交属性。传统的电商，以京东为例，京东从腾讯平台引流，不管怎么引流，都是将腾讯池塘的鱼拦截到京东这个池子里才能钓的。

◆ 流量私有化

品牌是对文化符号进行私有化的过程，品牌大多数时候是稳定的流量池。私域流量这个概念从出现到现在被炒得热火朝天，也说明了一个问题，流量的私有化势在必行，甚至可以说是各个企业不得不走的一条路。

没有流量私有化就没有企业的生存。

定位学的要义是独占某个品类或某个类产品的某个特性，最终超越品类。说到底定位企业初创阶段的一种战略选择，一旦升级为大众品牌定位学就有点行不通了。独占品类或某个产品的特性，其实也是私有化的过程，这个私有化的过程只是想更好给某个品牌贴上标签，抢占人们的心智，在人们心智中打下烙印。

私域流量和品牌打造不冲突，品牌是将品牌文化符号私有化，私域流量是把流量圈在自己的池塘里。这里就要说到自己的池塘了。品牌是通过广告等综合传播，将品牌符号以印象的形式树立在消费者的大脑里，而流量也就是用户、消费者这些客户怎么才能圈到自己的池塘里呢？

天然的品牌关系是看不见的，对于品牌来说更多时候讲的是知名度、美誉度和忠诚度，但实质上让用户保持忠诚并不可靠，品牌更多讲知名度。但知名度这个东西是一种虚拟存在的关系，用户知道你，但用户和你有没有关系并无佐证。社交媒体出现后，微信公众号、微博带来了一种新型的显性关系形态，那就是粉与互粉。当用户和你发生关系，那么你们之间就存在一种连接，这种连接用户看得到，企业也看得到。可以说最开始的私域流量模型就是微信公众号、微博等。随着电商购物平台的发展，电商平台的每家店铺也都演化出一种关注的按钮，也就是说，当你购买产品后想要继续跟商家保持联络你可以关注店铺，关注后你就是店铺的粉丝，可以实时查看店铺的动态，包括上新品、优惠活动等。淘宝最新推出了店铺被关注或收藏的小功能，但说到底淘宝是一个电商购物平台，不具备社交属性。加之，腾讯把微信公众号里的订阅号进行折叠后，微信公众号的行情趋势一落千丈，微信公众号打开率和转化率惨不忍睹，这种圈用户、圈粉丝的玩法演变为当前最流行的微信好友。

相比于微信公众号、微博里的关注，以微信好友来进行圈粉又是一个大的改变。因为微博账号后、微信公众号背后可能是几个人在管理着，但是微信好友则意味着一对一的熟人、半熟人沟通。尽管微信对微信好友的添加数量、添加速度以及账号的活跃度具有很高的检测标准，但微信好友稳定、高效、具有黏性的特点已经成为最新的私域流量载体，也是私域电商最佳的成交平台。

说到这里我们已经大概说清楚了，移动互联网多先进，平台不管怎么进化，流量平台都在不断分裂，分裂是私有化的过程，也是必由之路，直到分裂为最原始的以人为单位。而在未来，没有私有化流量的个人，也就无法成为一个经营者或品牌个体。

私域流量的真实现状

当下的商业环境里，对于私域流量有两种声音，有些人认为私域流量是一个捏造的概念，目的就是为了收割智商税，没有实际应用的价值；另外的一拨人重金布局私域流量，甚至抛弃了传统的业务将企业的重心转移到了私域流量上。这里说到的重金布局大多都是在微信上进行布局，那基于微信的私域流量的真实情况是怎样的？

没有入行之前觉得私域流量实现了一次付费，流量归自己所有，不仅免费还可以反复触达，最重要的是自己地里要种什么庄稼自己说了算。这有点像国内的70年产权房和国外的永久产权房。70年产权好像到期了就收归国有了，要么重新补交土地税，国外的看似永久产权但是每年都需要上交房产税，每年上交房产税大概是房价的1%～2%，这个数字也不小。私域流量的道理跟这个差不太多。

现实中私域流量的运营并不如有些人想得那么简单，从理论上分析，私域流量什么都好，但是我接触到的最早运作私域流量的一批人，有人做燕窝、有人做虫草等各种客单价极高的产品，目前已经玩不转了，手里握着200多万的微信个人好友，每个月的转化金额只有寥寥的二十几万，还有一个手里握着400多万微信个人好友的私域流量玩主，主要销售茅台镇白酒（非高品质白酒）和农副产品，包括水果、蜂蜜等，现在每个月的转化也惨不忍睹，而他们从开始布局到流量池成型也不过两年时间，可以说只做了一年的好生意。现在的操盘办法是把流量转租给别人，让别人进行运营，结果是别人换了产品类型，刚开始的两个月转化率非常高，第三个月开始销售额又开始快速下滑，因为还要上交15%的成交额，流量承租方即便违约最后也不得不放弃，以至于现在这些流量基本没有转化，流量账号不得不一次性转手变现。

这里我们要说的一点是，绝对不要接手别人转手卖给你的微信私人流量账号，99%的微信私人流量账号转让都是坑，要么被封过，要么降权信息屏蔽，要么人设早已坍塌，不管卖什么品类都难以转化。

那你就要问了，通过微信私人号布局私域流量的到底赚到钱没有？可以说，相当一部分人是赚到钱了，但是除了以微商形式、门店等小规模运作之外的，几乎所有的私域流量玩家都是以灰色收入的形式赚到了钱。

现实中，私域流量玩家根据体量分为三类：

第一类，销售额在百万元到一亿元的玩家，大多通过超过1倍（现在通常1～3倍，每个品类刚起步时毛利率可以达到90%）毛利率的产品靠1%～3%的客户买单实现盈利，例如白酒、燕窝、蜂蜜、珠宝、虫草、海参、文玩、算命风水、豪车等品类，这类产品的毛利率高，用户购买决策周期长，需要线下询单沟通，而且具有一定的信息差。从目前来看，燕窝、蜂蜜、虫草、海参已经被玩烂，用户已经被收割完毕，已经没有入局的机会。白酒等品类也逐渐进入了不能再入局的品类，但还不像前边几种那么严重，如果酒品质过硬，运营团队可靠还有机会。以今日头条、百度、微博等信息流广告的ROI计算，客单价低于1500元没有任何盈利的可能，流量成本已经离谱，所以私域流量能不能玩，有一个要素在于你是否有一个可以帮你拉起ROI的关键先生，花150元的成本加到一个微信好友，然后半年没有出一单，那么趁早不要想着通过微信布局私域流量。

第二类，销售额在3000万元到2亿元的，俗称"黑五类"，即减肥增高、美容丰胸、保健食品、生发植发、男科。这个行当里，能做到几千万的大有人在，私域流量基本都是通过信息流广告或低价产品获取客户，因为信息流广告的竞价机制非常可怕，通常获取一个有效客户都在2000元以上，所以你就知道为什么这些品类叫"黑五类"了。如此高的获客成本，如果不想尽千方百计把用户成交了，根本无法生存。所以，以丰胸整形美容行业为例，最普遍的套路就是钓鱼式成交，只要认定了客户能够付得起超高的费用，那套路就开始了。前期详细了解调查了解客户的背景，包括夫妻关系、孩子、家庭产业、感情状况、消费习惯，甚至有专门的私人侦探干这事，然后就是编撰剧情开始演，一般的客户都是邀请到线下的会销上成交，超大单客户都是一对一专门定制方案钓鱼上钩。这里说的钓鱼不局限于各种方式，因为美容行业里客单价在100万元以上的也稀松平常，只要客单价在20万元往上，专业的编剧团队就会上场。笔者曾专门做过调查，听业内人士讲述如何将富婆钓上钩，这里不做详述。除了美容丰胸整形行业，保健品行当也是套路满满，这里也不再赘述。

第三类，金融保险行当，净利润收入在亿元以上。金融理财保险是最早采用私域流量的行当，因为这个品类有极强的信息差，决策周期长，客单价高，客户的维护成本也高，即便是没有强大的社交平台的时候，金融保险理财也是私域流量最早的实践方。

所以，真实的私域流量并不像炒概念的文章或书中写的那样，私域流量的早期玩家是挣到了一些钱，但大多都是通过一种非健康不可持续发展的方式，即便是小一点的私域流量玩家。例如布局文玩这个行当，20万个精准粉，一年可以赚到差不多2000万元的纯利润，客单价1万元，毛利率维持在40%~65%。文玩的品类跟食补类不一样，流量的生命周期相对长一些，3~5年保持稳定的销售没问题，但终究不能持续，最后的结果要么是大量扩展SKU，增加品类，流量新陈代谢，补充新粉，要么人设转型打一枪换一个品类，竭泽而渔，最终把鱼池榨干。再说，女性珠宝和文玩是同一属性的品类，但相对文玩的人群来说，女性珠宝的转化更容易一些，在所有的私域流量构成中，30岁往上的都市女性是最优质的最易变现的流量，甚至有人专门写了一本书叫《得女人者得天下》，而最难运营的流量是成年男性的泛粉，转化率极低。所以，如果你跟50个以上操盘过巨量微信私域流量（200万好友微信私人号）的流量主聊过他们的真实境况后，你恐怕就明白了，真实的微信私域流量并不是那么好玩，或者是你现在根本找不到可以玩的品类了。当然，如果你能打造一个半仙的人设（算命先生），再通过一个ROI关键先生，布局几百万的精准粉，那么一年5亿~10亿元的利润也不是不可能，而这个品类，你看清楚了，不用发货不用长期维护，甚至带有自传播特质，当然，你要冒的风险跟你的账号数量也是成正比的。

四 对私域流量的误读

◆ 私域不是独立王国

就像钱钟书小说《围城》中所讲，外边的人想进去，但进去了的人又想出来。私域流量是个听上去和看上去都觉得很好的城堡，但真正操盘者都知道这个城堡没有看上去那么美好。

在微信的汪洋大海里，自己建一个灯塔，灯塔照亮之处，都是自己可控制的领海范围。或者是网塘，从大海里捕鱼，然后自己圈养，自己垂钓，这日子优哉游哉。最重要的是规则自己制定，想养什么鱼，想什么时候捕捞都自己说了算，俨然一个独立王国。事实上真的是这样吗？

这是一个误读。

在商业的汪洋大海里没有独立王国，无论是在哪个大的公域流量平台建立独立王国都不那么容易。以最常用的微信为例，半封闭的社交平台中圈一个城堡，最重要的是城堡的容量有限，更需要不断地内部更迭，这是良性循环必然的一步。以快手带货一哥辛巴为例，自己建立独立王国跟平台对抗必然损害平台的利益，发生冲突是必然的。微信同样如此，微信私域流量已经危及到了腾讯的生态，所以微信推出了企业微信号。有些人说，企业微信是腾讯推动私域流量常态化的一种加分操作，事实恰好相反，微信是为了保护自己，如果不推出企业微信那么微信生态将进一步恶化，逃离微信的企业、创业个体将越来越多。到处都是独立王国，谁都可以圈地拉山头自立为王的世界你觉得是良性的吗？所以，企业微信可以尝试，企业微信分化了人们对狭隘私域流量的传统认知。私域流量的体量问题，平台管制问题是中小企业和个体创业者在操盘嬉戏，但企业微信的功能升级让更多大企业尝试入场，一旦入场战局既定，微信私域流量越来越快成为鸡肋。

◆ 微信私域是廉价的

大多入局私域流量的企业，都想打造一个闭环，最好能将自己的私域流量完美运作，持续产出，这需要一个强大的内容和运营团队，否则，私域流量的变现就无从谈起。对于个人，同样如此，无论是图文还是短视频，都需要有持续的、有价值的内容输出力。

为什么私域流量受到推崇，人们普遍认为，私域流量归自己所有，可以反复触达，免费利用，甚至规则也由自己制定，所以给私域流量贴上一个"廉价"标签。事实上，私域流量并不像网文或割韭菜的这拨人讲的廉价甚至便宜。因为所有便宜一定是有前提的，那就是你之前已经有深厚的积累，比如你已经搭建了微信公众号矩阵，因为微信公众号变现越来越难，你把公众号粉丝引流到微信私人号，这种情况下，微信私人号的流量是便宜的，但前提是之前的微信公众号投入忽略不计。或者你有传统媒体的流量渠道，媒体版面作为引流渠道，这样积累起来的粉丝也是廉价的。所以，私域流量最早一波的运作主体就是电商店铺、微信公众号操盘者、传统媒体的流量主，或者是通过各种其他渠道积累起流量的个体户，如果是真金白银投入专门去操盘私域流量的人，建立流量池的成本并不廉价。

其次是，私域流量的建设和运营维护成本也不低，尤其是以微信私人号为载体的私域流量池，从表面上看，流量在自己池子里了，可以多次使用，但对于企业来说，运营人员和内容生产人员一个也少不了，一个账号需要几个人的支持，这些支出也是在花钱买流量。再说，内容是否足够留住用户，是否形成有效触点，是否能够带来转化这都考验团队的运营能力，如果只是发发广告、玩玩套路，最终必然人设坍塌。引流不难，转化也不难，但是持续的内容输出和持续的转化是所有微信私域流量运作的难题，也是所有私域流量最终无法持续的最大命门所在。客服、销售、顾问、选品、仓储这些问题全部归运营所有，这是个长期的磨炼人的事，所以，建立私域流量成本一点不低，也不会有立竿见影的效果。如果从一开始就定位通过微信私人号卖货，那么私域流量必然死路一条。

◆ **私域是用来做流量转化的**

私域流量有以下几个特点，流量可控，言外之意是，在微信平台里，这些用户跟我们关系紧密。如果在淘系平台里，这些用户就属于公域流量，发生过一次连接后续针对用户的服务就少了触点。微信私域流量可以深度服务用户，触达用户的成本性价比也非常高。除此之外，大多数人认为私域流量是用来做转化的，但事实恰恰相反，微信池子可以养鱼，但是钓鱼还是要到淘系平台或京东平台去，因为即便关系链条再长，人们也无法获得近身信任。

大多数私域流量都被定位成专门做转化使用，但实际上，不管通过哪个平台哪个渠道引过来的流量，私域只是一个沟通的渠道。完美日记和阿芙精油，是最早开始操盘私域流量，也是为私域流量站台最响亮的两家公司，但这两家公司的操盘模式，反而是公域、私域一把抓，通过公域流量做影响力，微信私域作为客服渠道，最后引导用户进去电商、线下门店下单，阿芙精油的操盘无非是再多一个社群和所谓的直销。

私域用来做流量转化没有错，问题在于你的私域规模有多大？你是否在运作一个具有品牌声量的私域，任何一个声名在外的品牌都不会通过私域做流量转化，就像"双11"一样，公开性的交易是品牌最好的价值呈现，而私域的封闭性交易让商品价值陷入一种黑洞。除非操盘产品就是服务周期特长的"黑五类",上不了台面的品项。所以说私域流量是微信私人号的基本上也都是这些品类,基本上没有讨论的意义。

五 流量的新趋势和企业要有新流量思维

◆ 流量黑洞

1916年,德国天文学家卡尔·史瓦西通过计算得到了爱因斯坦引力场方程的一个真空解。这个解表明,如果将大量物质集中于空间一点,其周围会产生奇异的现象,即在质点周围存在一个界面——"视界",一旦进入这个界面,即使光也无法逃脱。这种"不可思议的天体"被美国物理学家约翰·阿奇博尔德·惠勒命名为"黑洞"。

通俗而言,黑洞就是宇宙里某个神秘的地界,任何的东西(包括光)进去,都别想逃脱出来。从互联网的层面来看,互联网的黑洞就是各大吸引流量的平台,这个平台就像一个大海,哪个地方只要发现泉眼,就会被大海吞噬。

在短视频平台起来之前,互联网曾经出现过两个流量黑洞,一个是百度的中文搜索引擎,一个是阿里的电商平台,而微信充其量算半个流量黑洞。而在抖音和快手起来后,抖音和阿里是两个公认的流量黑洞。

从阿里和腾讯不断收购开始,所有的创业者都有一种恐惧,那就是有一天阿里或腾讯看上自己创业的领域后怎么办?幸运的是被收购,不幸的是被盯上被复制然后快速出局,从这个层面来讲,收购的不光是某一领域流量,更是对未来的豪赌。百度在很早的时候就入股了快手,但腾讯和阿里都没有在字节跳动的业务上达成收购合作,以至于现在新的巨头已经从BAT变成了TMD(头条、美团、滴滴)。美团是地面一切生意的黑洞,字节跳动是互联网未来的黑洞,流量一旦进入就陷入一种不可挣脱的怪圈。美团把一切地面生意都囊括进来,现在又开始了美团单车、美团充电宝,从线下生意来看,美团是京东、阿里甚至腾讯的噩梦。而从线上生意来看，抖音、快手又把线上生意吸引过来，电商反而成了工具，最多就是最后的环节走一下交易流程，之前所有的筛选、决策过程都跑到了短视频和直播当中。所以，表面看起来没有什么大不了，但是站在阿里或者京东的角度考虑一下，这是致命的，因为别人控制了交易前的大部分流程，购买决策拟好了，然后到你这走个过场完事了。现在是快手、抖音没有自己操盘电商，如果时机到来，传统的电商平台会被快速替代。

流量黑洞一直都有，只是在充分竞争的年代，新的巨头和传统巨头竞争已经展开，让普通的商家和个体也陷入了多方选择的境况中。而最大的影响就是巨头之间竞争，流量变得稀缺，普通商家和个体的流量就变得更难以琢磨，更加稀缺，流量已经进入奇缺时代，而且将持久地在这个奇缺状态存在。

◆ **算法黑洞**

对于大多数的营销人来说，算法还是个陌生词汇，即便大数据、人工智能等热词快速被关注，算法依然是一个高深的玩意。以今日头条系产品为主，所有的产品背后都有一套成严密体系的算法。互联网发展到今天，代码的价值已经基础得不能再基础，算法还是所有互联网公司的核心资产，不管是电商平台还是社交平台，还是媒体平台，全都依赖于算法，只是不同公司有不同的算法规则。以今日头条系为例，所有的信息推送都依赖于用户的阅读习惯、阅读爱好、点击规律而形成，所以这就形成一种信息的"回声室效应"，而微信的看一看则依赖于身边的人阅读习惯和阅读偏好向你推荐。两套算法的背后是两套不同的人性逻辑。

对于算法的看法，不同人有不同态度，一种观点认为算法的使用能够提升信息的传播效率和到达效果尤其是在信息需求匹配上具有了前瞻性和趋势判别的能力，另外一种观点认为算法在实际传播中形成了一道认知门槛，大众无法清晰了解认识其中的运作流程，这就是我们提到的信息的"回声室效应"和"信息茧房"效应，算法就像是谁都无法看到的黑洞，尤其是像今日头条系的算法，其背后是人性的懒惰、贪婪和无法自制等弱点，这是一个黑洞，这个黑洞把人的注意力吸引进去，无法自拔。

有些人说，存在即合理，商业层面的东西不能用合不合理来解释，更不能用商业代替人性。互联网经历了几波红利，最初的流量红利就是人口红利，然后是生态红利，其实就是产业发展红利，现在产业基础设施已经基本完备，到了一个深层次的竞争阶段，通过大数据挖掘产生价值，本质上讲就是算法。

算法的本质是一种管理，管理是为了寻求最优解，一定不是为了寻求最大价值的解，对于成为巨头的公司来说更是如此，社会责任必不可少。如果算法只朝着黑洞的方向发展，把一切应该和不应该的都吞噬，最终必然进入一种混沌的状态。互联网是一种网，这个网不能网住一切，算法是给更多人留下一个口，可以进来，也可以出去。

◆ 流量奇缺时代

从移动互联网进入下半场开始，注意力已经进入了稀缺年代，到2019年，流量开始进入奇缺时代。

短视频冲击了微信，冲击了电商，也冲击了所有的行当。2019年，全国拍摄制作电视剧备案数量比去年同期减少27%，剧集数量下降了30%，前些年涌进影视行业的热点纷纷撤离，群演不拍戏，扎堆拍段子，横店影视基地开机率严重下降。数据显示，2019年，全国关停的影视公司多达1800多家。2019年12月20日的一条微博特搜——"横店免费开放所有摄影棚"，让不少人越加感觉悲凉。

这种境况下，受到影响最直接的就是演员，演员没有戏可以上场。2019年10月，明道在一场综艺节目后诉出现实"我是明道，今年39岁，戏龄15年，这是我今年演的第一场戏。"说完话后的他有些哽咽，曾经一代偶像剧男主，在残酷的市场变革下也落得如此境况。

明星向来是流量的虹吸地，但是从2019年开始明星无戏可拍成为一种常态，换句话说影视的吸睛力也在严重下滑，造成这种状况跟影视娱乐行业这些年不断走捷径上综艺节目，不好好提升表演水平，不用心打磨影视剧本身有关，更重要的就是短视频平台兴起，网红崛起，直播侵占了大量的用户时间。也就是说，流量黑洞下，不管是哪个维度的流量统统都逃脱不了短视频这一宿命。流量和资本一旦聚集到黑洞平台，就会进入野蛮增长的状态，入局者会多到无以复加的地步，因为所有人都知道流量就在这里，就像所有人都知道房子是硬通货，最有成长空间，是最好变现的商品时，所有的热钱都会投到这个领域，最后的结果再多的流量也不够瓜分，进入奇缺时代。

所以，当只有一个风口的时候，也就是没有风口的时候，当只有一个选择的时候，也就是没有选择的时候，所有人看着同样一条路，都会进入一种迷失状态。所以，这是一个极好的时代，也是让人迷失的年代。

◆ 品牌和流量都不是万能的

品牌思维是长期主义，流量思维是短期主义，通常我们是这样认为的。靠预算招揽流量的做营销树品牌的时代已经去无影踪，用户群的快速迭代已经让消费路径发生变化，这个传播环境在不断变化，用户在新的环境中接收信息，用户接收信息的心理状态不同，信息的呈现方式也完全不同。

越来越多的品牌方艰难，甚至摸不清路子，不是预算多少的问题，花钱变得越加谨慎，对于新的媒体渠道和营销方式，又拿不准，不知道是否该用力一搏。小品牌，营销预算更不用说，不花钱毫无成效，花钱效果根本无法令人满意，唯一愿意投入的就是用财务思维，把投入产出比算清楚，把握住市场。总之就是，几乎就在一夜之间，就是2019年开始，所有人都搞不懂市场，都不会做营销了，胆子变得越来越小。

以抖音为例，营销规则一周一变，市场信息也是瞬息万变，各种隐藏的效果陷阱，这周蹿出来，下周路径又变了。谁都知道流量贵，但是不投钱就没有流量，流量洼地越来越少，流量渠道越来越多，效果投入产出过于碎片化，人均效能下滑，人力成本也降不下去，几千万的预算花出去，什么都没有带来，市场部就给到一堆空洞的数据，这里边有多少水分谁也不知道。至于品牌广告，几乎没有人敢大张旗鼓去投了，品效合一都不敢轻易尝试了。

品牌是稳定的流量池，但有一个问题是，流量有一天也会失效。

信息时代，数字经济时代，企业对品牌的重视程度远远超过纸媒时代、电视媒体时代，越来越多的中小企业都抱着品牌崛起的梦想，甚至愿意为企业品牌赴汤蹈火，倾其所有。2019年对效果广告的一个打击就是"阿迪达斯的30亿事件"，让不少人看清了现实真相，前几年的流量红利期对品牌合一式的线上推广带来不错的转化，但是传统的红利结束，效果广告成本不断上升，转化率下滑严重，以淘宝为例，一个店铺一天投入5000元的广告费用，产出5000元的销售额，这还不算人工、房租、产品、物流等，所有店铺都在等着某一天的爆发，但是等到了6·18发现，除了第一天有一点流量进来，其余时间就像怨妇家中守空门。问题在哪呢？大河没水小河必然干。更危险的是，效果广告不为品牌服务，品牌方发现花了很多钱买转化，促销也搞了，价格也让了，品牌反而被削弱了。

到底什么才算是有效的流量？流量在某些人手里能够发挥奇效，但是在越来越多人的手里就变成了烧火棍，无法挖掘出来价值。都知道，抖音平台的粉丝价值非常低，如果淘宝粉丝的价值一个估值10元，抖音只能估值1~2元。因为巨量的粉丝里能够筛选出有转化可能性的粉丝太少。这就是数据价值密度问题，数据价值密度低，意味着单位体量的数据能提炼出来的信息知识和智慧相对较少。因此，如果把数据比作矿的话，那么大数据是贫矿，开采难度大！业界通常用贫矿和富矿来表述矿物品位的高低，如在金矿品位定级中，富矿每吨含有5~50克黄金，高于50克为特富矿，低于5克为贫矿，含量低于0.3克的金矿就没有开采价值。

抖音还没有低到不值得开采的地步，但对很多人来说，没有能力进行变现。所以，一个很现实的问题就是，流量到底掌握在谁的手里会发挥最大价值。

流量不是万能的，知名度也不是万能的，所有的流量都是靠资本堆砌起来的，就像可口可乐的品牌影响力一样，它不可能在某一年过度消减广告预算，否则市场销量就会急剧下滑，最后失去头把交椅。

无论市场环境怎么变化，市场怎么残酷，看清楚的人永远不害怕缺失流量。野生生长年代，入局者有多少人，流量奇缺只是市场整体而言，市场上永远不缺的就是流量，只有不把流量太当回事，才能摸到流量的命门所在。流量思维是一种生存的思维，在这个人人都可以发声，人人都可以通过内容获取流量的年代，只有声量没有流量，声量就是权力，流量在谁手里一点都不重要，重要的是如何高效利用流量，如何能把别人手里的流量为己所用。那些总是标榜自己几千万抖音粉丝，几千万公众号粉丝、微博粉丝的，毫无疑问这不是他们的流量，只是为别人提供一个触点。

◆ **流量圈层时代**

流量红利终结，流量进入了奇缺时代，在很大程度上针对传统品牌思维这些人而言，想要快速打造品牌，通过全媒体全渠道吸纳注意力的时代已经终结了。抖音、快手、微信、淘宝、微博、小红书、B站等这些平台都上了规模，每个平台每年都会诞生诸多的网络红人、新兴品牌，然后从一个平台蹿红到另外一个平台，但是要想一下全网引爆所有的平台基本上没有可能，唯一的可能就是通过圈层突破，内容自己引爆。

流量奇缺的年代，你不可能把精力分散到各大平台，营销圈有一种观点，最开始是两微一抖，现在是两微一抖加快手，现在又要加小红书，加B站，加淘宝，莫说是大公司，没有任何一个公司有能力全平台运作，即便是全平台运作也没有能力不同平台输出不同调性的内容。

你一定会说，不同平台的粉丝标签不一样，年龄段不一样，如果放弃一个平台就意味着失去一个庞大的群体。理论上讲是没有错，但集中优势精力运作一个最值得的平台，最多两个平台将是99%的公司和个人的必然选择。这是一个流量圈层的时代，固定的圈层就意味这个领域的精耕细作，意味着深度的链接，圈层到了一定程度自然会突破。

圈层是这个时代建立企业品牌，建立人格化品牌唯一有效的路径，再小的个体和品牌都可以通过圈层运作，深度维护粉丝，待到势能积累足够，实现圈层突破。

| 第三章 |

从私域流量走向私域电商

 私域流量的落脚点

不管什么样的生意形式，如果不涉足线上，生意都越来越难做，但线上的入口各大平台把控，让不少的商家有一种咬牙切齿的感觉。不管是做淘宝、京东还是美团，流量贵到让你感觉在割肉。类似淘宝，似乎只能等待参与官方的活动或者一年等一次的"双十一"，最好可以一次活动拿下一年的流水，除了参与活动或特殊时机，其他大部分时间店铺流水都还没有推广费高。这并不是所有商家面临的ROI问题，不过大部分是这样的。至于美团等平台，更不用多言，平台宣称也没有盈利，加盟的更多门店已经干不下去了。类似美团这样的平台还有很多，货运平台、打车平台，平台一旦成为超级入口，也就意味着垄断，也就意味着无尽的盘剥。一个搬家公司，平台接单甩给车队，平台收走53%，工人收走47%。所以看着生意很红火，钱都被平台拿走了。

把私域流量池当作一个线上的入口，流量免费，反复触达，流量归自己所有可控，甚至自己用不到的流量可以出租。私域流量看似是一种救命稻草，是一种完美的商业模式，不管搭建流量池有多高的成本，已经有很多人重金押注，甚至指望着私域流量维系下半生的生意。私域流量是一种独特的存在，它诞生在超级平台形成之后，是对超级平台和残酷商业竞争的一种无奈和另类反抗。但私域流量也有很大的不确定性，甚至即便拥有海量的私域流量，依然会感到惶恐和不安。

从2014年前后，私域流量的实际应用就在微信平台上萌芽，并一点一点成型，最开始的微信公众号红利开始的内容电商，公众号红利存在不过一年半的时间，然后社群，现在是微信朋友圈和微信小程序，最后到直播。微信是私域流量诞生的前站，因为微信平台管制力不强，不少人依赖各种工具和群控系统积累起大量的流量，不过最近一年多的时间也证明，这些东西在微信平台都站不住脚。从来没有一个商业模式依赖某个平台不确定的规则长久存在，现实就是很多做微信平台私域流量的最后都被封了，因为在一个灰色规则下，出问题是早晚的。单纯的探讨工具没有意义，单纯依赖某个平台也没有意义，何况更多的人不认可私域流量的概念。在笔者看来，绝对地为自己所有，可反复触达，免费使用，甚至流量可以为自己操控，可以出租，这本就有一定的问题。

◆ **全域思维**

前边说过，私域流量无法实现流量自由，这里再延伸一点，没有绝对可控的私域流量，甚至是公域流量。

在这个年头，谁都不想受制于人，不想受制于人有两种办法，第一种办法最直接，那就是建平台，私域流量本质上一个去大平台中心化的小平台思维，自建平台自己说了算。另外一种办法那就是品牌，场域思维或品牌域思维，有了自己的场域或品牌域，以规模或心智取胜，最后也不受制于人。重金押注私域流量的商人大多都是没有品牌思维的人，换个说法，只有没有品牌竞争力的东西才会一门心思押宝私域流量。

私域流量不是一个可靠的选择，只是在矛盾和割裂经营下的一个过渡过程，这个过程不可控，甚至带不来固定的状态或结果。抑或你去展望5年后的商业形态时，并不知道你的私域流量是否还能为你所用，当前的私域流量能够给你带来什么。世界变化得太快了，莫要说微信图文，各种短视频，可能一切都来不及。2000年，人们对内容的关注度是12秒，这个数字在2015年降到8秒，现在则可能降到5秒。2016年前，YouTube推出的6秒广告，正是为了迎合消费者的变化，让品牌在6秒内打动消费者。

投资回报率决定了一个公司能不能赚到钱，ROI思维很重要，但是一个公司只有ROI指标要求，那么必然会养成财务思维。这并不是说ROI思维不好，甚至所有的公司都可以设置一个ROI总监，但老板如果只有ROI思维那么注定要把公司搞垮。而私域流量最容易陷入ROI思维。ROI思维是一种狭隘的短视思维方式，在未来，只有对消费者有深度的理解、洞察，才能与他进行较好的交互和沟通。这将是企业未来几年非常重要的一项工作。营销人的思维需要做出改变，不只是看短期的ROI，要更侧重品牌经营，重视长期效果。当新客发展成为用户以后，如何重塑用户体验，产生更好的复购，以及更好的全生命周期管理。所以，经营者在计算ROI的时候就不能只是用短期的指标来评估。

尤其是在经济下行，企业增长困难的时候，企业更需要改变以往传统的单一的思维模式，把企业和经营者自己都放在全域环境当中。古话说，不谋全局者，不足谋一隅，没有全域思维，很可能无法洞察用户的消费轨迹，去构建营销战略，围绕全域的营销方略。也只有在不同的场域，利用不同的场景，才能构建真正有未来价值的东西。而全域思维首先要打破的就是，把单一的ROI目标变换成各方面的综合目标。

没有全域思维去做私域流量，私域流量的周期会大大缩减，根本没有私域流量存在的生态载体。当然，全域思维并不代表着利用全域渠道去引流。在前两年有不少做拼团的社群，这些社群也是渠道的一种，但最终成就了一个一个的小平台，这些小平台最开始依赖社群的流量，但是一旦小平台有了一定的品牌力之后，立刻抛开这些所谓的社群，把流量通过一个品牌凝聚起来。全域思维的最终落脚点是建造品牌场域，有了品牌场域再经营私域流量，私域电商就有了长久生存的支撑。

微商，在本质上就是一种以短期利益为核心的商业模式，盈利基本上是唯一目的。早期的不少微商都收割了微信的流量红利，也可以说微信把大量的流量红利都贡献给了微商，私域流量在很大程度上也是微商转变过来的。微商的核心是，通过分销和多级代理制度，贩卖梦想和欲望，而且后期微商的发展把各种传统成交方式研究得非常到位，完全是有系统培训的"科学化"操作。通过代理和拉人头的方式，实现高利润产品的流通，最后大部分的产品都囤在各级代理的手中，通过朋友圈刷屏，晒模拟交易数字，吸引下家成交。

微商的产品必须具备高毛利、高频、大众化和易传播的特点。例如面膜、减肥药、营养粉、代餐，以及各类保健品和化妆品等。这些产品，可自己低成本配置或出厂价极低。而通过微商渠道，不仅易销售，多级分销还可以抬高价格。消费者在市场上也查询不到产品，往往易被熟人"安利"。

出身于微商模式的"云集"，可谓是把微商模式玩到了极致。三年时间，靠着多级分销，做成了一家美股上市公司。仅每人399元的会员费，一年就收了15.5亿元。最终的结局是，头部分销发起人撸走了资金，平台营收负增长出现亏损，各级分销把自己的家庭消费全部转移到几乎没优惠的云集平台。微商最后发展到这个地步，就违背了微商的真正价值。

私域流量和微商有相似之处，本质有所不同。但依赖于微信的私域流量在生态上看，还谈不上用户思维。所有谈基于微信私有流量的用户思维都是伪命题，甚至连用户思维的皮毛都没有摸到。用户思维的核心不是用户，更不是关系，用户思维的基础是产品或服务，而没有品牌价值的产品，指望着抢关系拉客户，然后促进成交这不是用户思维，这是一种投机取巧。

私域流量看起来很不错，刚开始运营起来觉得投入产出比也会不错，但不会有人告诉你一个三年的投入产出比，甚至是五年的投入产出比，因为到最后没有产出了，流量甚至都废弃了。做私域流量如果没有全域思维，从一开始就想着收割一把见好就收，有限的流量池让你支撑的时间只会越来越短。私域流量从一开始就有一个必须要规划好的落脚点，否则就不要去碰它。

◆ 私域流量的落脚点

没有目的的行程必然迷失，私域流量必须有落脚点，这个落脚点是你开始做私域流量前就需要知道的。

收割思维无论在哪个商业模式都不会有人提倡，但在实际的操作中，很多私域流量的运作都会走样，最后变成了快钱收割。还有些人并不知道私域流量怎么玩，也没想着说就是要收割一把就走，但是很明显如果没有有序的战略规划，最好的结局就是收割一把，其余的大部分就是人财两空，最后流量贱卖或出租后被糟蹋。

也有不少人一开始就抱着快钱收割思维的念头，看着火热的概念赶紧收割一把。但是事实上，收割不收割的只有自己知道，而且只有进去时间长了才知道这个模式能不能通过快钱收割的方式运作。

快钱收割思维并不是私域流量的落脚点，更多是私域流量运作失败的一种无奈操作。不管是哪种规模的私域流量运作，最后的落脚点无非是以下两个：成就人格化IP或打造品牌域通过直播电商规模化变现。

◆ 短视频和直播后的风口

短视频电商卖货以抖音为代表，虽然很多人都在说5G风口就是短视频的风口，这种说法没错，但是忽略了另外一点，5G风口对于直播电商的带动要远远超越短视频的发展，直播能够带动短视频发展，但是短视频替代不了直播电商。短视频的红利与电商带货关系不大，主要原因就是短视频卖货路径太长，从创意、拍摄、剪辑、运营到变现、二次变现，过程复杂烦冗，尤其是在短视频用户增长停滞期。这就跟传统的植入广告一样，传统电影、电视剧甚至综艺节目在内容植入营销上一直都没有规模可言，一个广告从开始筹划到最后播出往往都需要一年到一年半时间，就连周期最短的综艺节目也需要一两个月。当今的市场形势，别说一年半载了，两个月没有效果就失去先机了。而对于短视频来说，虽然周期缩短了，但是路径依然太长，如果你的目的就是为了卖货，你不可能从一开始就去规划几个账号，招聘几个人专门去做短视频积累粉丝，植入广告去卖货，就是把产品植入别人的段子里让人给你卖，问题也不少，所以如果你是个卖货的，又没什么基础，做短视频你是不是有优势？

最重要的是，短视频是内容生态，抖音生态一直不提倡短视频内容下方植入链接卖货，甚至一再降低短视频带货的广告费用投放，从最开始一条的带卖货链接的短视频可以投出1亿播放量，限制到1000万，而且设置了人工审核机制，达到800万的播放量就触发人工审核机制，到1000万就强制封杀。如果抖音80%的短视频内容下方都挂一个卖货链接，抖音也就没有内容战略这么一说了，这是一个内容生态的问题。

短视频不是电商的风口，短视频是直播的风口，是直播秀场、直播电商的前置风口。"直播卖货"是目前乃至近几年最先进的卖货方式，没有之一。传统的电商平台以淘宝为例，内容形式以图文、短视频为主，现在电商的内容又加上了直播，可以说把目前能做的内容形式全部囊括在平台内了。消费者进入平台之后，无论是有阅读习惯的，还是看短视频习惯的，还是看直播的，全部都能停留在这里，为平台贡献足够的用户停留时长。有了停留，内容又具备强变现能力，逛淘宝就理所当然。从逛到买，形成一个完美的闭环。

2020年初的疫情让2019年还蠢蠢欲动、不太主流的"直播卖货"变成了全民参与的主流卖货方式，无论是银泰、天虹等渠道品牌，还是歌莉娅、兰蔻等品牌，各行各业都在直播卖货，现在已经不是你做不做的问题，而是大家都做，你不做就没得做。数据显示，2019年我国在线直播用户5.04亿元，2020年预计5.26亿元，销售规模9160亿元，占我国网络零售规模的8.7%，这代表着直播卖货有着万亿市场。如果你稍微留意就会发现，当前只要是有一点电商属性的平台，只要能够卖货都开通了直播业务，而且各大平台对于电商的争夺会持续投入，不计成本地压倒性投入，争得一个入场券。而且即便是没有拿到前三的地位，直播也会成为未来一种不可缺少、任何平台都需要用到的卖货方式。

我们整理了当前开通了直播带货功能的一些平台，这并不是全部，只是当前应用到主流平台。最受推崇的还是快手、淘宝直播的带货，转化率比较突出。腾讯除了在微信平台产品和游戏类上占得先机，其他的任何产品几乎都慢人一拍，不管是广点通、微信公众号功能开放、小程序的不断完善，还是企业微信，都拿捏死死地，想要开放又不敢过于开放，迫于战略跟随最终不得不开放。腾讯下的直播也是如此，虽然入股了斗鱼、虎牙、快手等，但腾讯还是布局了自己的直播，即腾讯看点直播和小程序直播，目前这两款产品也是备受推崇。所有推崇微信的人都觉得这是微信平台下的又一红利，不过目前来看，虽然支持购物车功能，更多功能还需要完善，腾讯的产品能力和阿里平台有一定的距离。京东、抖音、拼多多、小红书等都具有直播功能，开放条件不同。除了上文列出的平台之外，苏宁易购、B站、西瓜视频、蘑菇街、唯品会、知乎、虎牙、斗鱼等都将直播提到了一个前所未有的高度，这些平台中，有一些注定无法成为首选的平台，但是如果错过这个风口，那么自己就会成为历史。

短视频之后的风口是直播，但是直播之后的风口无人能够判断，直播带货、直播秀场、游戏直播这些场景在2~3年的时间里会以直线的趋势增长，直到新进入者找到机会越来越难，增长才会迟缓。野蛮的增长也就意味着风口的持续，但是直播之后的风口是什么，还没有做出判断。5G是风口，但是5G风口不会改变直播风口这一基础面，也就意味着直播在较长时间内都是基础面，但分化和进化是必然，而进化的一个方向就是私域电商，也就是人格化品牌下的直播电商。

二 人格化品牌（IP）

IP是一个非常广泛的概念，分了很多种，有品牌IP、电影IP、动画IP、明星IP、小说IP、网红IP等，说到最后谁也说不清楚IP到底是个什么东西，但都知道IP很忙，IP很有市场，做企业一定要做IP，以至于打开手机，就像进了一个欢快的动物园，互联网品牌IP全盘萌宠化，很多企业都试图打造本家的品牌IP。不管IP的种类有多少，跟私域电商相关的IP类型只有一个，那就是人格IP，也就是人格化品牌甚至到人格化媒体的打造。

私域流量没有必须做IP一说，但是不管是什么形式的私域流量，都依赖人格的运营。人格的运营依赖的不是机器客服，也不是一个虚拟的萌宠动物，更不能是一个电影IP、小说IP，只能是实实在在存在的一个人。这个人可以有罗振宇的影子，也可以是罗永浩这样的超级带货人，也可以是汲汲无名的毛头小子。每一个私域流量池的运作者都有一个基本的梦想，那就是成为一个人格化品牌，甚至从人格化品牌升级为人格化媒体，自带声量。

品牌IP也是我们经常谈论到的概念，品牌IP的知名运作企业，例如江小白、三只松鼠等，这些品牌IP具有快速拉近与消费者关系的作用。如果这些品牌也要去运作私域流量，是否可以利用品牌IP进行人与人的沟通，答案自然是否定的。

传统的电商销售是客服与用户进行沟通，最活跃的可参考小米手机的客服，与10086等客服里沟通风格完全不同，小米客服具有独立的人格，沟通也更加有趣，慢慢地这些客服都自己梳理了自己的话术和人格性格，用户自然更加喜欢她们，而不是跟10086里的客服那样一板一眼。所以，现在你可以在短视频平台看到各种的客服场景故事，这些客服变身成了一个人设，最后成了一个不大不小的IP，这就是我们说的人格化IP。

没有人愿意跟一个录音脚本聊天，更没有人愿意跟一个机器人聊天，不管机器人有多智能，也没有人愿意跟一个机器人客服聊天，即便这个客服伪装得再像一个真人，也迟早有被察觉的一天，除非消费者一开始就知道你是个机器人客服，这些客服本质上是产品的一部分。无论是线上的电商客服还是线下门店的服务员、员工，客服不需要IP。私域流量本质上是一种销售关系的进化，是一种陌生关系、静态化产品关系向持续性连接产品关系、动态化产品关系、熟人关系转化的一种交易模式。从某种层面来说，尤其是基于LBS的私域流量来说，这种交易关系是升级进化了的。

私域流量也并非完全没有弊端。从另外一个角度来说，私域流量是一个相对封闭的场域，除非这个场域是公认的超级公域，否则私域流量主把用户圈禁在一个封闭而且单调乏味、氛围感非常差的私域流量池中，这个流量池只有一个信息焦点，这个信息焦点就是没有永远无法掩饰到位的IP人设，即客服，这些用户很容易逃离或者选择沉默，信任更是无从谈起。最关键的是，用户原本可以和卖家之间保持一个合理的距离。这个距离用户可以自己选择，用户完全不会被骚扰，而在私域流量池里，企业和用户的距离突然拉近，几乎是面对面，这时候私域流量主就要回答用户的一个问题了。为什么我要留在你的场域里而且还要花钱？很显然，传统的客服不够，仅仅有品牌信息也不够，基本的IP人设也不够。

所以，对于大多数的产品来说，用户待在你的私域流量池里并不见得是好事，用户待在你的场域里可能需要付出更多的东西。微信没有完善的商品体系、没有支付体系保障、没有信用体系保障、没有交易支付保障、没有价格对比机制，信息也是不透明的，类似种种还有很多的不完备的地方，那么用户为什么要待在你的私域流量池里？

这个问题是每一个私域流量的操盘者都需要思考的问题，因为每一个运营者都会给出不同的答案。这些答案都可以把用户留在他的私域流量池里。以孩子王为例，孩子王有品牌（品牌logo、品牌认知、品牌价值）有客服（门店店长、店员），但他的私域流量IP是什么呢？孩子王要求旗下

300家线下门店的员工考取国家认证的育婴师资格证书。也就是每个只负责销售的客服成了育儿顾问，育儿顾问就是人格化的IP。事实上这里边隐藏了另外一个要点，那就是在孩子王经营这个领域，育儿顾问这个角色是有持久存在价值的，育儿顾问可以为孩子家长提供一些专业知识，考取国家认证的资格证书就是很好的信任状。

除了上述说的人格IP，事实上人格化品牌（IP）包含的方面很广，很多企业创始人都是跟着企业品牌一块成长的，而且很多公司最大IP就是企业老板。国际上绝大多数知名品牌的名字都是用创始人的名字或姓氏命名的（见表3-1）。

表3-1　国际知名品牌及其命名人格

品牌名称	国家	命名人格
戴尔	美国	创始人迈克尔·戴尔
迪士尼	美国	创始人华特·迪士尼
梅赛德斯奔驰	德国	卡尔·本茨
克莱斯勒	美国	创始人沃尔特·克莱斯勒
福特	美国	创始人亨利·福特
松下	日本	创始人松下幸之助
爱立信	日本	创始人之一拉什·马格拉斯·爱立信
飞利浦	德国	创始人之一杰拉德·飞利浦
卡西欧	日本	创始人樫尾忠雄（卡西欧樫尾的日语读音Kashio）
香奈儿	法国	创始人是加布里埃·香奈儿
波音	美国	创始人威廉·爱德华·波音
拜耳	德国	创始人弗里德里希·拜耳
爱马仕	意大利	创始人蒂埃利·爱马仕
GUCCI	意大利	创始人古驰奥·古驰

为什么这么多的国际知名品牌从诞生之初就想着使用自己的名字作为品牌呢？其实除了诸多的国际知名品牌使用了创始人的名字来为品牌命名，很多其他品牌也在利用人格化品牌的法则，与品牌进行深度的捆绑（见表3-2）。

表3-2 品牌人格化示例

品牌	国家	捆绑对象
苹果	美国	乔布斯
facebook	美国	扎克伯格
小米	中国	雷军
格力	中国	董明珠
阿里巴巴	中国	马云
360	中国	周鸿祎
乐视	中国	贾跃亭
搜狐	中国	张朝阳
网易	中国	丁磊
牧原集团	中国	秦牧原（创始人秦英林之子）
百度	中国	李彦宏
华为	中国	任正非
锤子手机	中国	罗永浩
得到	中国	罗振宇
腾讯	中国	马化腾
微信	中国	张小龙
京东	中国	刘强东
海尔	中国	张瑞敏
万科	中国	王石

无论是使用创始人的名字为品牌命名还是让创始人作为流量担当，目的都是为了形成人格化的品牌，一般来讲有以下三个好处：

1. 打造超级个人IP：IP就是声量和话语权，能够把低位信息向高位信息拉升，能够提升个人和所要传递信息的势能，让信息像滑滑梯一样传递到接收人的大脑里，同时IP自带流量，具有虹吸效应，将慕名而来的人潜移默化转粉，人格化品牌是超级IP的最佳路径。

2. 与人进行沟通时人的本能需求：无论品牌的知名度多高，品牌就是品牌，是社会性产物，赋予再多情感温度也会让人感觉虚情假意，像是冰冷的机器发出的代码符号一样。人与人沟通首先是情绪的沟通，情绪能够传递温度，人格化品牌是市场发展的必然品，社交媒体可以让人与人极容易发生连接，也是一种进化。与人沟通，立马就能感知到这个品牌的温度，消除戒备心理。

3. 信任问题：为什么这么多知名品牌都跟创始人名字绑定到一块，从创业初期来说，创始人本身就是最大的信任背书，是最强大的信任状，一个品牌敢用名字命名能够消除很多消费者的抗拒心理，所有声誉就是品牌，信任就意味成交。

◆ **人格化品牌驱动社交，社交驱动内容，内容驱动流量**

进入21世纪以来，所有的广告理论都在讨论一个话题，那就是商品同质化的问题，商品同质化初期可以依赖于资本的加持，媒体的信息垄断塑造一批行业领军品牌，但是当前去中心化的时代，明星也好，意见领袖也好，品牌也好，面向的用户群体都一样，大量不同的信息可以快速被不同人看到，但是碎片化的传播带起来的效果有限。媒体同质化、内容同质化、商品同质化、定位流水线化、明星模板化，唯独每个人具有不同的灵魂，有趣的灵魂就能幻化出有趣的人格化品牌。

传统的营销，哪里是流量入口就到哪里进行媒体投放，曝光信息获取客流，向流量拥有方买用户。人格化品牌时代的底层逻辑是社交连接，通过内容连接更多用户，让用户连接客户，让用户影响客户，先渗透一个圈层，然后通过圈层向外伸出触手，然后触手足够的时候，进行破圈。

以直播或短视频为例，直播和短视频都依赖一个极强的人格设定，人格化即品牌，所有的内容，无论什么形式都与粉丝或用户发生连接，所有内容都与人格设定有极强的关系，内容能够强化人格，人格能够驱动社交向外传播，社交能够驱动内容不断自生长。这是人格化品牌一个闭环的营销逻辑，也是新的品牌成长路径，商品品牌跟着人格化品牌一块成长的路径。

商品的同质化最开始是功能同质化，其后是情感诉求同质化，因为商品功能无论如何丰富，所能赋予的情感、精神都是有限的，人格化品牌建立在有趣的灵魂基础上，人具有无限变化、多样的可能性，同时每个人都有差异化的表达和不同属性的内容输出方式，更重要的是人与人的交往是温度的交互，是一种相互赋予社交能量的交互，是双向的。不管时代怎么迭代，每个人都能挖掘出有趣的人格化特质，总能在市场中聚拢人气、吸引力，并形成社交信任。

例如故宫的数字化营销中，一篇名为《雍正：感觉自己萌萌哒》的文章让平均阅读量四位数的故宫有了第一次的10W+，自此故宫"画风一转"，耍贱卖萌的风格一下拉近了其与受众之间的距离（见图3-1）。雍正原本是一个呆板严肃的人格形象，赋予新的人格性格变成了一个有趣而又

图3-1 雍正：感觉自己萌萌哒

好玩的人格化IP。故宫借衍生出的文创产品或授权带来的收益累计超过100亿元。如何让沉睡在博物馆里的优秀传统文化受到年轻消费者的喜欢和接纳是故宫博物院原院长单霁翔经常思考的问题之一。

在当前嘈杂的网络环境中，个性化、精细化和体系化的包装表达，很容易和一个粗糙、不具备鲜明个性的人格形象、没有辨识度的声音做出区分。故宫的"朕就是这样的汉子"就是做了这样的区分，将传统品牌通过互联网升级打造成具备人格的超级IP。但是，另一个事实是，即便有深厚的文化底蕴，如果没有经过精细化的人格化品牌包装和内容创新输出，人格化IP的打造仍旧是空中楼阁。

商品本身很难产生内容，所有的内容都围绕人产生，人是连接第一要素，人是内容生产的绝对核心驱动。也只有人格化的IP才能被用户所记

住，以小米的雷军和格力的董明珠为例，当产品竞争到同质化的境地，尤其是增长进入缓慢通道的时候，两家公司所有的内容都由人产生，不同的是小米以雷军为核心有很多人在发声，而格力就聚焦到董明珠一个超强的人格化IP身上。但所有的粉丝都围绕这些人进行活动，并形成品牌的拥趸，粉丝会再创造品牌相关的内容价值，通过圈层传递实现分享传播。

◆ 个人（IP）信任的局限性

把人留下来的办法很多，终极概括那就是成就人格化IP，不管是先有流量再成就IP还是先有IP再导入流量在逻辑上都是行得通的。

这里边要考量的一个很细小的问题就是，你的IP是否具有KOC（超级消费者）的潜质。前文我们说过，并非所有类别都适合打造IP，成就IP价值可以说是所有私域流量最终能够成就的路径。不管是正向操作，先有流量再有IP，这是通过人格IP再去打造私域流量都能行得通。从微信平台来看，先有IP再打造私域流量池的通道基本上已经关闭，微信公众号的红利已过，优秀的文字内容可以积累粉丝，但是成长速度太慢。微信虽然推出了腾讯直播，推出了视频号，但是微信封闭的形态以及流量分发机制并不适合IP的打造。可能你要说，依赖微信的裂变机制也可以成就IP，但是你可以掰着指头数一数，微信除了成就罗振宇、咪蒙这些IP之外，你再也找不到什么能叫得出名的IP名号，而咪蒙也早已经消失在微信江湖里了。微信不适合人格化IP的打造，而传统微商利用微信拉人头招代理的路子，在腾讯直播和视频号这条路子上也行不通，依赖熟人变现小规模操作问题不大，大规模变现微信的封闭生态并不好用。

打造人格化品牌的平台，当前最热必然还是抖音、快手，微博也比微信平台好一些。抖音、快手具有超级流量加持，其次就是流量分发机制趋向于让优秀的短视频、直播内容贡献者获得更多的关注，用户与用户之间的关系也可以互通，利于网红IP的形成。微博具有微信不具备的一些红利生成机制，微博平台虽然以精悍短小的文字为主，但是其内容形态非常丰富多样，尤其是短视频和直播，但是因为微博里聚集了各种各样的头部人格和资本扶持人格，所以草根网红脱颖而出较难，整体来说，抖音和快手是草根网红成长的最佳平台，内容更接地气，流量基础也更广泛。

私域流量基于两个假定：一个假定是网红带货模式的可靠，另一个假定是个人信任有效 。不同于以往微商的传销性，私域流量的流量主会以 2 个身份（购物助手、专家）切入你的人际关系，通过帮助你推荐商品，或为你更好地使用商品提供价值参考，建立一种有别于亲缘关系的信任，依托这个信任关系，判定是否有值得挖掘的流量价值。

私域流量并非完全是微信，小红书、知乎、豆瓣等垂直的社区都有带货的先例。当前微信是绝对的主流私域流量渠道，但微信对拉人、裂变以及第三方软件的封杀，实际上也证明了个人信任在微信平台上具有巨大的风险，微信官方会判定这些私域流量主属于"灰产"。微信私域几乎等于微信个人号了，微信私人号又基本等同于个人IP，起码所有的微信私人号都有一个装扮好的人设。做个人号最重要的就是用户的信任关系，其中最为核心的地方就是不能有任何作假的行为，讲求实事求是，无论是产品、文案还是活动，答应了就要做到。个人号的统一标准化输出窗口是朋友圈，哪怕只有几百个用户，发每一条朋友圈的时候都要仔细思考。朋友圈的内容可以以个人为主，也可以以产品为主，这取决于团队成员的性格和商业模式。对于大多数的人，以产品为主是一个风险较小的操作方式，几乎不在朋友圈说一些个人性格、隐私、生活方面的事情，因为大多数人都不太擅长面对公众，也不喜欢打生活方式、精英化的标签，这些人只想老老实实地卖个货。微信个人号的主流群体还是层级微商，这一类基本都以个人为主，靠令人向往的生活方式和热情的职业态度来发展代理，另外一些直营的护肤品私域个人号也是以个人为主，因为产品需要更强的信任关系，需要人设上的充分铺垫，通常以执业医师、护肤老师、医学博士等身份出现。朋友圈以个人还是产品为核心，没有标准答案，都有很多成功的例子。以产品为核心的优势可以弱化人格形象，提升品牌价值，无人设崩塌风险，劣势是转化相对慢一些；以个人为核心的优势是可以快速建立信任度，往往配合主动营销，转化速度很快，劣势是有很大的人设崩塌风险，品牌输出不强，粉丝只认人不认品牌。

以个人为核心所建立起来的个人信任从本质上看更像是 KOC（key opinion customer）策略，直白来说就是通过情感化的个人连接在微信好友当中快速建立起社交印象，然后进行"杀熟"。所有人都反感杀熟，但对于有需求的消费者来说一旦被推荐的商品实现了某种心理预期（比如：这款口红是当季限量），流量粉丝又乐于受这些素人 KOL 的影响。因为，所有以个人为核心建立起来的个人信任都遵循一个基本原则，那就是被动成交的原则。

被动成交和人设价值是天生一对，一方面打造个人IP价值，让别人最好以仰望的姿态看待个人IP人设，另一方面分析这些潜在对象可能的需求，然后编撰相关的信息使这些人看到，等待他们自动上钩。从这方面来看，IP人设价值打造在某些方面就是一个品牌打造的过程，二者所要实现的目的一致，提升品牌势能和降低交易成本，所以这样看被动成交是最良性的发展路径，因为这可以做到完全不打扰用户，甚至还能提供用户所需。

但问题显然没有这么简单，个人IP和品牌最终都要实现势能提升和交易成本降低，但是个人IP所能提供的信任具有明显的局限性，也就是说个人信任在很多时候和品牌比要差很多东西，个人信任有时候不足以支撑起更多的交易。当然，个人信任的局限性是相对于品牌信任而言的。

三 私域电商：人格化品牌+直播电商

◆ 品牌信任和品牌域

信任是商业交易的一个重要基础。在传统电商和传统商超模式中信任成本是前置，首先由平台承担，平台要审核商家的品牌资质、收取保证金、商家做活动也要交押金，就是我们常说的"背书"。在沃尔玛超市买一份猪手，就要比在菜市场更放心；微信群也有人在扔阿迪达斯正品链接，可是你还是愿意去天猫旗舰店购买；同样是一个品牌的产品，京东自营就会比广州某店铺更值得信任。

对于一个消费者来说，平台本身就是一种信任选择。我们进淘宝买东西不会要求店铺一定要有个人格化的 IP 和我们沟通，直接和客服"茉莉""百合""紫薇""水仙"咨询中意的产品，也不需要感情前戏。所以，传统电商平台商家首先争抢的是站内的流量和曝光，要买直通车，要做聚划算，要让自己在搜索结果首页，因为由平台提供保障，这些越显眼的地方信任度也就越高。

社交电商是把信任成本转嫁给"分销员"，分销员拿自己的个人信誉做担保，所以为什么总有朋友同学前同事拉你进群买东西，因为个人的信任只够覆盖一小片熟人。

微商和社交电商有点像，都会利用个人微信、朋友圈、微信群宣传，但大部分社交电商挣的是"分佣"，微商挣的是"人头费"。到了私域流量，人货场中的"人"和"货"发生了微妙变化。首先，私域流量池吸纳的都是认可该企业而且是有过消费行为的用户，如果是基于LBS的私域流量池——比如餐饮店的微信群，这种性质更明显。其次，场也变成一个单一封闭的空间，企业没有了平台、分销员背书，要直面赢取消费者的信任之战。

这是一个人格化品牌的时代，只要你能够生产内容，只要你的内容足够优秀，你就能够吸引足够多的粉丝，然后形成一个人格化品牌。这里我们所说的内容类型非常多，不管是微信公众号的专业文章，还是微博上的资讯博文，还是抖音、快手上的短视频，抑或是直播平台上的直播内容，或者是官方媒体的报道，有内容就有粉丝，有粉丝就有追捧。但很显然不同类型内容积累起来的粉丝所能形成的个人信任也是不同的，同等品级下，草根娱乐网红、专业知识输出人士能代表着不同的信任类型，可信任度也是不同的。

个人信任的局限性在于人是一个动态变化的过程，再红的明星也有过气的时候，即便是铁杆粉丝也不会不计时间、金钱的得失将信任热情始终如一保持。有百年的品牌，但是没有百年的人格化品牌，从某种程度上来说，人格化品牌是一种阶段性的产物，人格化品牌是所有私域流量主比较好的归宿，但并不是最终的归宿。人格化品牌最终必然要走向媒体品牌或强大的品牌域，最好能够脱离于人设而存在，就像乔布斯一样，乔布斯是IP，人们会信任苹果品牌，乔布斯去世，人们依然会信任品牌。换句话说，即便乔布斯是商界传奇中神话一般的存在，人们也不能脱离了苹果品牌而去信任乔布斯，这有一个相互依附的关系。明星是IP，但是明星依赖的是优质的内容不断曝光在观众的视线内，但是明星的信任更多时候局限在内容层面，明星一旦产生代言行为，必须要有与明星身份相匹配的品牌才能互相支撑，这个时候我们就要问了，人们到底是因为明星信任了品牌还是因为品牌而信任了明星？人格的信任具有局限性，所有的网红都要面临这个问题，随着带货的品类品牌越来越多，时间越来越长，个人信任必然受限，个人信任的天花板问题也就出来了。

个人信任的天花板非常低，如果一般网红的个人信任升级成功为人格化品牌那么天花板会提高，如果再次升级为不需要人格化便能独立存活的品牌，那么天花板将再次提高。没有任何一个持久的企业品牌是依赖一个个人IP建立起来的，因为个人影响力再大，信任范围和时长终究有限，否则这个企业一定存活不下去。

为什么是企业品牌？这就要说到个人品牌的人格域和品牌域的区别了。品牌有品牌域，人格也有人格域，但是人格域是否可以和品牌域进行对比？

人是一种社交动物,在社交媒体没有这么发达的今天,人的社交半径非常有限,一个人每天都要联系的人不过1~3人,每周都要联系的人也不超过15人,每个月都要联系一次的人不超过50人,而人的常规社交半径是250人。在社交媒体如此发达的今天,人可以借助社交媒体拓展自己的社交半径,但整体上依然延续这个规律,大多数人的人格域就是利用这些人织成的网。还有一少部分人,也就是具有一定公共属性的人,媒体属性的人,他的人格域可以扩大很多倍,但这个影响很大程度上是一种单向的,即便是这个人格的磁场力非常强,个人化媒体的场域也是不断变化的,往往就是场域的磁场力达到高峰之后就会下滑,也可能再次出现高峰,但大多数都会下滑到一个水平线,甚至彻底沉寂下来。人格域是人格化品牌影响力的基础,人格域也有冷场之说,所以追求人格化品牌的升级是所有网红甚至明星的必由之路。

品牌域和人格域有相同的地方也有不同的地方,除了生命的生长曲线雷同外,品牌域和人格域所能囊括的东西是不同的。世间万物,所有的一切,人可能渺小到不如一粒尘土,指不定什么时候说没有就没有了。但是人的精神是可以长存的,人的智慧、人的品质这些东西都能传承,而这些东西全都能沉淀到品牌上。说到底,人格域所能包容的东西,品牌域全部能包括,能把人格域包括在内,而且人格域可以是品牌域内非常微小的一部分,品牌域甚至完全不需要人格域支撑。

品牌域是品牌信任的基础,单从物理属性来看,品牌信任和个人信任差别非常大。所有的信任都基于时间和附加物以及信息的对称性才能够达成,更重要的是,品牌信任背后依存的是企业、组织、平台等,组织的存活超越时间等条件,而个人信任只有在个体与个体之间才更有市场,个人信任来得快走得也快。

◆ 私域电商:直播电商+人格化品牌(IP)打造极致交易路径

公域流量做品牌,私域流量做转化,这个道理谁都懂,但问题是私域流量是不是只能依存在微信平台内。

微信平台能不能催生强大品牌？微信平台强大是毋庸置疑的真理，但是有心人可能关注到一个问题？微信平台是否能够成就品牌。统计后你会发现，微信平台从诞生之初到现在基本上没有成就过真正的品牌。这里边的原因我们就不再详细地探究了，这里只说私域流量转化和品牌打造的关系。

不管多复杂的生意，所有互联网平台要解决的问题无非是缩短成交的路径。这里说的路径不仅包括实际的物理路径还包括用户与品牌之间的心理路径。单纯说物理路径，阿里平台和微信平台具有无可比拟的支付优势，阿里平台汇聚世间数不胜数的产品，而微信平台具有不可比拟的平台黏性和用户强关系，所以在物理路径这个层面来说，两者势均力敌。

重要的是心理路径如何缩短？

从品牌逻辑角度来说，品牌为的是提升产品的势能，降低用户的选择成本，这也是在缩短成交的路径，而且也是心理层面的。不过微信平台对于品牌的打造缺乏支撑点，而阿里平台公开、透明化的商品属性配合当前的其他社交媒体（包括微信）更适合打造品牌。那有没有比品牌更进一步缩短的成交路径方式呢？答案是肯定的。

举个例子，知名的品牌更喜欢请一个大牌的代言人，这是为什么？按理说，知名品牌的成交路径已经很短了，选择成本也很低了，为什么还要请代言人？形象代言人在很大程度上就是我们这里说的人设IP，人设IP与人建立信任关系更快、更容易。而私域流量可以是另一种更进一步缩短成交路径的方式。私域流量中销售的产品大多数都是没有品牌知名度的商品，但是依赖于私域流量的人设IP，可以缩短成交的路径，弥补品牌在与用户沟通过程中的不足。

不过私域流量，尤其是以微信为载体的私域流量，虽然目标也是在不断地降低交易成本，缩短交易路径，但是微信的展示价值，更多还是图文价值、文字价值等，相对而言这和短视频、直播电商比起来差太远了。微信看起来是熟人社交，一旦以私域流量的方式运营熟人社交也就是个伪命题，最真实的沟通莫过于面对面的沟通，但是现在的技术能够做到一对多最直观的沟通方式也只有直播一种形式，直播是所有媒体表现形式里（VR普及之前）最身临其境的一种，也是能接近真实的一种沟通形式，近乎面对面的沟通也是心理成交路径最短的方式。可以说，直播电商和人格化IP的合体打造了一种最佳成交路径，这个成交路径依赖于当前最先进的支付、展示、交易流程、售前售后等体系，将商品的交易提升到一个新的境界。这不是普通的私域流量，通过一步一步打造人设，通过设置购物陷阱，通过被动成交吸引询单，而是把最真实的线下场景搬到线上来，而且比线下具有更完备的保障，这就是直播电商和人设IP的合体。直播电商、品牌、人格化IP的合体，这是一个极致交易路径，这也是未来5年后互联网电商唯一的落脚点。而这个场景，它可能是在淘宝直播，也可能是在抖音、快手直播，但可以肯定的是，它一定不在微信平台。

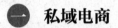

| 第四章 |
私域电商

一　私域电商

◆ 电商交易的两个痛点

前边我们花了大量的篇幅在讲流量和私域流量，那么私域流量和私域电商是什么关系？私域电商又是什么？

私域流量即把公域流量引入自己的私域流量载体，以实现免费、可多次触达、自由掌控的流量。私域电商和私域流量关系密切，但私域电商并非基于私域流量而起，简单来说私域流量是一种流量承载的形式，而私域电商是一种交易方式的进化。电商，顾名思义就是通过电子化的方式在网络平台上实现交易的活动，简单来说就是电子商务。但是，从传统意义上来讲，基于微信的电商不能称之为电商，它更多是一种线下、线上交易的延展，与传统的电商差别很大。真正的电商要解决线上交易的两个痛点，第一个是传统交易中个人信任的问题，第二个即品牌信任的问题。

电商是虚拟的交易，不管是交易对象、货币，还是沟通方式都是通过非可见的方式沟通的，这跟线下面对面交易不同，线下交易过程中顾客首先要面对卖家，卖家要呈现给买家的综合印象决定了买家是否信任此人，不管任何形式的交易，无法信任的卖家交易是无法达成的。电商挂货到网络平台，大多数的买家无须沟通直接看过图文详情、应用场景、评价系统等信任状后直接就下单了，实际上是解决了卖家的信任问题，对于淘宝、京东等电商平台的体系建设来说，这是一个非常了不起的成就，多年来的系统建设让电商交易屡创新高，卖家信任的问题基本上是解决了。

其次，所有的交易模式中还有一个非卖家信任，这个信任就是商品信任、平台信任等。线下交易能快速达成的一个重要原因不是你的商品放在万达商场就能顺利成交，现在的很多非知名品牌都热衷于在各个综合商业体开形象店，因为综合商业体有一个平台信任，这跟你在街边门店买东西而不是在地摊买东西是一个道理，因为街边门店有固定成本，是固定存在的，信任度要高一些。除了平台信任外，品牌信任也非常重要，知名品牌能够解决卖家信任的问题，只要认准品牌，即便你不知道卖家是否可靠，买知名品牌的东西也是有保证的，因为品牌商家有一个机制保证。在电商平台也是如此，我们都说只要买到正品，不管是在谁家店铺买的，在京东买的还是淘宝买的，信任度是一样的，完全可以忽略卖家的信任问题。

个人信任、品牌信任、平台信任这是所有交易要解决的问题，在流量红利时代，生意好做，就是因为如此，只要把握住机会，抢到流量就能获得转化，甚至不关心用户的运营问题，因为品牌、平台可以为你兜底。传统电商发展到今天，平台信任已经完全不在话下，品牌信任的打造也成了一个通用的公式，不管知名品牌还是无名品牌都可以通过详情页、短视频、代言人、成交晒单、评价以及刷单成交量等成为一个爆款。那么接下来的问题来了。

传统的电商形态是打造爆品，通过广泛的流量快速把1件产品卖给1万个人，10万个人，尽管利润微薄但还能挣到一点辛苦钱。好景持续的时间不长，当操盘路径人尽皆知的时候，当ROI算的一清二楚的时候，风口变了。消费并没有萎缩，市场也在不断扩大，分到每个商家的流量少了，流量越来越贵了，但需要流量的商家越来越多，以至于几乎所有平时不怎么挣钱的商家都等着每年的"双11"网购节，也有人未雨绸缪，雨季存水，以保证全年都可以撑过去。

每年的"双11"网购节，当天流量就像好比天上的瓢泼大雨，这雨就下12小时，你怎么能在12个小时内把一年要用的雨水存满。除非你有足够的盛水工具，如果你只有三个水桶，你在一天内也只能接满三桶水，而过了"双11"你要想再去找水，对不起，雨季过去了，没有那么多的水了。你要想继续获得水源，有三个办法，天上还是会下雨的，你花钱人工降雨，这就像你在淘宝上花钱通过直通车、SEM、钻展、参加活动、首页推荐、贴标签等方式购买流量，但问题是花钱购买的人越来越多，多到最后无利可图，要想引流灌溉，你就得花钱从百度、抖音、今日头条等买渠道费，最终也是无利可图。另外一个思路，有战略眼光的人，挖了自己的鱼塘，开始鱼塘养鱼。这所谓的鱼塘就是私域流量的雏形。这是完全两种不同的思维，原来的电商形态是把1件产品卖给10000个人，而现在我们把这10000个人引入自己的鱼塘里，我们可以把100件商品卖给不同的2000个人，这就大大地降低了流量成本。每个人都是社会化动物，需求从来不是单方面的，需求也不是只有一次就再也不需要的，以女性用户为例，他既需要衣服，也需要化妆品，还需要减肥，还需要小孩用品，如果这些用户运营得当，用户与商家之间建立了基本的信任，那这本身就是一个封闭的商城。

◆ **电商进化**

通过爆款把一件商品卖给10万个消费者，和100件商品卖给2000个用户，这是一种交易模式的变化，确切说这是一种进化。

从操作难度上来说，把一件商品打造成爆款卖出10万件和把20件商品卖给10000个用户所需要付出的努力不对等，大概率是把20件商品卖给10000个用户更加困难，而且困难程度远远要超过一个爆品卖出10万件，这不是一个简单的数学问题，其背后有着逻辑上的根本不同。

爆品思维不完全依赖于搜索流量，很多时候也需要他人的推荐，而且他人的推荐更容易形成爆款，抖音短视频卖货基于的就是这个逻辑，而20

件商品卖给10000个用户是一种长效运营思维,不管是品牌运营、IP运营还是用户运营,都需要一个较长的时间积累过程。整体来看,不是所有的商品都可以打造成爆款,但所有的品牌、IP、用户都值得用心运营。搜索流量时代已经过去了,以后再也不会出现搜索流量带来爆款这么一说,用户的选择路径,不再是单纯依赖电商搜索和电商详情页做消费决策判断,更多地需要一个引导或判断辅助。这个引导可以是朋友推荐、网红推荐、专家推荐、广告推荐、专业文章推荐、使用场景推荐,然后才会进入心理备选当中。换句话说,入口变了,入口不仅变了还变得具有引导性了。

所有人都需要经营能够进行入口引导的东西,而这个东西归根结底就是人格域。前边我们说,交易要解决卖家信任的问题,还要解决品牌信任和平台信任的问题。先说平台信任,现在火热的抖音短视频卖货中还有不少孤立网页卖货信息,类似这些在百度、搜狐、网易等各个广告联盟也都存在,这些独立网页一旦提交支付基本就找不到订单了,售后体系没有任何的平台保障,这些(二类电商)一定会被淘汰掉,以后所有的商品销售都要依赖于平台,淘宝、天猫、京东、拼多多、苏宁、唯品会等这些平台都是保障,平台信任的问题不用发愁。除此之外就是品牌域和人格域的问题。

品牌域解决品牌信任的问题,品牌就是为消除负面风险,消除用户的担心,解决用户的心理安全问题而存在的,只有解决这些问题,用户选择该品牌的时间成本、机会成本才会降低,商品的势能才能不断地提升。私域流量的提法,并不主张解决品牌信任的问题,期望通过关系运营解决个人信任的问题,因为平台信任、品牌信任、卖家信任这三个因素中,只要解决一个因素交易就能达成。基于微信的私域流量,不能解决平台信任,也不能解决品牌信任问题,所以只有通过卖家信任达成交易,而卖家信任基于个人,个人信任的脆弱性让这种交易模式看似完美,实际风险太大。

三个信任元素，不能说哪一种信任更重要，但人格信任和品牌信任是永远绕不过去的坎，尤其是在流量红利终结的年代，人格信任尤其重要，人格信任能够解决成交的心理正向引导作用，能给用户带来一种美好场景的展示，能够刺激引导下单，这正是后流量时代需要的东西。所以我们说，当平台信任机制成熟的时候，品牌域决定了你的天花板在哪里，人格域决定了你在当下市场里如何攻城略地。没有品牌域不管你攻下多少的城池最后都会丢掉，没有人格域即便再强大的品牌也会一点一点萎缩，焦虑丛生。

◆ 私域电商

交易模式在不断地进化，从最开始的线下交易，然后到传统的图文电商、微商、内容电商、社交电商、短视频电商和直播电商。每一个交易方式看似诞生在一个风口之下，有红利期也有衰退期，从逻辑上来说这些交易模式是在不断进化的。

且不说线下进化到线上这个巨大的变化，就说传统的图文电商进化到微商，这也是一种进化。微商把传统以商品为中心的销售模式慢慢向以人为中心的经营模式引导，只是国家没有出台明确的微商规则，所以这个行业乱象丛生，以收割智商税居多，但以人为中心是没有错的。因为人格化的品牌能够带动销售，能缩短销售的路径，从社会意义层面也给诸多人员提供了一种副业选择。

再说传统的图文电商进化到社交电商，不管是以社群团购也好，还是拼多多模式的拼团也好，将社交媒体上人与人的关系发挥极致，本质上是对抗流量红利消失的一种方式，能够让商家利用更小的投入获取更多的流量，这相比只能依赖搜索引擎优化或购买广告、关键词等形式获取流量也是一种进步。

产品体验笔记、深度评测、短视频电商、直播电商都是内容电商，体验笔记和评测这些方式已经成为传统的内容形式，短视频电商和直播电商是更符合当前用户习惯的内容。虽然只是表现形式的变化，但是从人格信任打造和场景表现来说，短视频电商和直播电商的升级变化是革命性的，尤其是直播电商。短视频电商从路径来说仍然较长，但从信息表现的重新性来说已经超越了体验笔记和深度评测，最重要的是能将销售商品嵌入具体的场景当中，表现更加直观可感受，更容易达成有效刺激。直播电商在商品表现上也比较直观，即时的沟通互动方式在传播销售效果上超越了其他传播形式。加上大多的直播电商内容都可以回放，解决了时间必须一致的要求。直播电商短期内不会替代短视频电商，但短视频电商的份额会越来越多地倾斜到直播电商。因为从卖货角度来说，直播电商对于人格域的打造无可匹敌，即便是没有精力和实力，或者不便于自建人格域团队的大公司，也会签约越来越多的网红、明星等在平台带货销售。

从传统电商进化到社交电商再进化到新形式的直播电商，那什么叫作私域电商？

简单来说，**私域电商=人格域+品牌域+直播电商**。未来是一个个人信任与品牌信任叠加的时代，有人经营企业、经营品牌，但更多的人在打造人格域。人格域是一个相互影响，发挥人本价值的最终路径。没有人格域的扩张也就没有信息的动态平衡（信息和水一样总是从高向低流），不管是什么规模的企业两手都要抓，一抓产品和品牌，二抓人格域的打造。很多企业可能觉得，没有必要打造一个网红、一个公司的人格IP，没精力没时间不要紧，但是你要做好未来利用这些网红、人格IP的心理准备，你也可以像小米一样成为罗永浩的金主，签约罗永浩让罗永浩直播带货，毕竟罗永浩在数码领域的影响力不可小觑。未来所有的公司都要通过这条路行进，不管是你什么时间开始尝试，通往华山一条路，没有别的路可选择。

直播电商是最好积累人格域的传播方式，直播电商又不像短视频拍摄那么复杂，你完全可以不必照着后文我们讲的标准操作路径做直播，直播一切以最真实为基础，就像快手平台一样，什么样的内容在快手都有市场，而那些标准化套路的东西反而不一定能获得长久的青睐。私域电商需要人格域，需要品牌域，需要短视频和直播电商，这是一个公式。对很多人来说品牌域并不容易打造，需要长时间积累，那你完全可以从人格域开始，人格域在前期可以代替一部分品牌的功能，也不影响转化。而如果不重视人格域的积累，不管是做什么形式的内容，短视频、直播最后都是做不下去的，而电商卖货就更不要说了。

二 私域电商改变企业营销决策

传统的电商交易模式，更多的精力放在获客，即获客、激活、存留、变现、推荐，也就是所谓的2A3R 模型（Acquisition-Activation-Retention-Revenue-Referral）。

前几年，流量红利不需要创业者考虑5年之后的事情，甚至你无须推广流量都会自然增长。莫说是苹果当时不做传统广告，不搞推广，连小米也不需要线下渠道，不搞广告，纯粹依赖互联网渠道，包括后来的锤子手机都在互联网的超级红利期获得了足量的流量。现在苹果已经在不断下滑了，开始大量买广告、进行异业合作。小米经历2016—2017年的滑铁卢后大量开设线下实体店，而锤子手机的创始人罗永浩也遗憾败走麦城。移动流量红利时代，流量非常多，流量进来，就可以用漏斗模型把它们留存下来。在《裂变》一书中我当时提到过一个理论，如果要保持持续的增长而不能将客户流失率保持在较低的水准，那么增长不可能持续。这就是大家今天都在提私域流量的原因。

私域电商改变不了互联网发展进程，改变不了互联网的格局，但足以改变企业营销决策路径的改变。传统的2A3R模型已经改变为RARRA模型，用户留存越来越重要，用户进来首先考虑把用户留下来，变成长久客户，然后再激活，再客户裂变、变现和推荐更多身边客户进来。

私域电商已经改变了流量、用户、品牌之间的微妙关系。尤其是流量和用户的关系。传统品牌是通过大量的流量平台曝光打造品牌，通过品牌更低的获取用户，现在流量分布越来越散，想要打造品牌越来越难。对于中小企业来说，以流量投入打造品牌变得基本上不可行，更好的办法是以流量积累人格域、品牌域，然后通过用户关系的运营夯实品牌的基础，在适当的时候成就品牌。在这个过程中，运营用户关系也是实现转化保持企业经营的基础。

当前商业环境下，不管是哪个平台上的私域流量，自己造血的能力都不能解决新流量来源的问题。永远不要想着你的私域流量池足够大了，可以衣食无忧，可以不再拓展新流量了。私域流量有边界，人格域没有边界，品牌域没有边界，即便苹果这样的世界级企业，品牌影响力依然不够，即便品牌知名度足够高，品牌带来的认知也不可能相互连接。新的流量依然还在淘宝、百度、今日头条、微信、抖音、快手、京东等平台上，引流可以放慢节奏，但场域不能冷，人格域不能退出用户视野。私域流量的投入成本并不会比传统流量的操作投入低，但企业如果不将投入的结构改变，那么企业后续的路只会越来越难，直到无路可走。

◆ 私域电商不是微商

私域电商不是微商。

微商不同于传统商业形态和传统电商，也不同于私域电商。微商是以发展微小个体为代理，并通过代理向外卖货或商品的商业形态。

个人私域单位已经崛起。虽然微商和私域电商并不完全一样，但也有相似之处。微商发展的各界代理，最终还是要走到极其微小的个人私域单位当中，这些极微的个人私域单位利用自身影响力而销售商品或服务的时候，跟私域电商的性质是一样的。私域电商更多地强调人格域打造，品牌积累，通过积累私域流量，并不断地运营私域流量进行商品的销售。微商更多强调以代理商为中心进行下线的拓展，两者有重合的部分，但又不完全一样。

目前大多数的私域电商都是以公司的形式运作的，且多数是以传统电商慢慢摸索转行到私域电商的。私域流量的累积需要一个较长的过程，且前期的投入产出比相对较低，对于个人微商从业者来说，并非特别适合。其次，微商的主要机制在于代理机制并进行压货，只有压货才能有销售动力。发展下级代理需要造势，打造个人IP，这样才好有跟随者，才好发展下级代理。私域电商跟微商有相似相通的地方，但又不一样。微商更多地是卖机会，至于能不能卖货并不太重要，只要能把代理商的钱收回来，微商的使命就基本达成，这也是微商越来越被人诟病的原因。2019年3月4日，微信、中国信通院、数字中国研究中心联合发布了《微信就业影响力报告》，首次完整展示了微信生态带动的就业图景，报告中指出，2018年，微信带动就业岗位2235万个，除了小程序带动就业182万个之外，剩余的2000多万没有提到，言外之意微商、微信公号等占据了大部分。其他行业报告也指出，当前微商的从业人数超过3000万，而这个规模还在不断增大。可以说，微商必将成为一种长久的商业形态存在，但越来越多的微商转型为私域电商也是必然。

◆ 私域电商的核心在人格域和品牌域的运营

企业经营无非就是外部成本和内部成本，这是企业生存和发展的两大本质问题。外部的运营从本质上说，一个是新获客和获客留存。另外一个是内部运营成本问题，而内部运营成本的关键是人才的培养机制和成长问题。

先从内部来说，大多数企业的最大成本都是人才成本。海底捞有这样一个制度，一个店长可以开很多店，但是海底捞的制度就是限定他开店的数量。他要想自己多赚钱就需要培养新的店长，把已经运作成型的店铺交给新任店长自己再去开拓新的店铺。这样一来，就降低了企业人才培养的成本。这跟有些公司相反，有的公司销售骨干特别厉害，但是公司内部的竞争原因，他就必须要把自己的技能藏着掖着，自己的成熟经验和技能生怕被人学会了。这样一对比，就看出来了，企业内部的交易成本立马就呈现了。海底捞的企业内部运营成本非常低，而有些公司则可能因为内耗运营成本越来越高。

从外部来说，海底捞从一开始并没有快速扩张的计划，而且拒绝了加盟店。几乎每开一家就火爆一家。有本书叫《海底捞你学不会》，海底捞的董事长张勇在接受采访时说，大家都说海底捞的服务不得了，我也不知道有啥服务，服务有啥好哦？你说人家来你家吃饭，还要排队，你总得招呼一下。那家里来客人你不招呼的吗？我们也就是招呼一下，就有人说我服务好了，那我还不好意思了。又说我们给顾客涂指甲油，然后那个要多少成本，以至于有人说专门为涂指甲而来，他来了不吃饭怎么办？人家来都来了，你怕人家不吃饭就走了吗？这就是做人的一点心意。你说要多少成本，往往都是前边已经排上队了，外面的人才会涂指甲，或者提供一点擦鞋的服务。那你里面已经坐满了，公摊成本已经摊完了，你剩下的边际利润已经是比较高的了，你再给他涂一下指甲又算得了什么成本呢？他说，我就是这么一点做人做事的心意，居然就搞得"吆不到台了"。像海底捞这样不缺流量的企业很多，每一家海底捞的店面就像是一个商城一样，正是一开始就拒绝加盟，将服务做到无可挑剔，客户体验超出预期，才能持久。

同等条件下，企业的外部获客成本，也就是流量成本基本一致，但是品牌价值不一样外部获客成本也会不一样，例如海底捞可能因为自身的品牌流量原因外部获客成本是零。看着海底捞是在做企业的内容运营，但运营到最后也变成了品牌运营。

我接触过不少的企业负责人，这些企业老板见到你就是一脸的焦虑，你问他为何焦虑，他们给出的答案基本一致，那就是企业的增长出现了迟滞，甚至下滑，有的甚至腰斩。其实这些企业手里，都有着大量的客户资源，但是他们没有办法将客户关系搞好。客户在他们的手中是一组数据，没有基本的价值，基本是购买一次，虽然把客户留下了但是后续无任何的互动交流。

越来越多的企业主都意识到，对于绝大多数行业，不管是有高频次复购需求的，还是超低频次无须回头客的行业。你和购买者的关系如果仅仅是简单的买卖关系是远远不够的，这种简单的关系不足以为你的品牌跟购买者增进关系，没办法演变为用户，甚至是粉丝、传播者，更不会给你带来新的客户。大多数的商品用户购买都需要获得更多的成就感、满足感、依赖感，甚至归属感。

私域电商绝对不局限于快消品等电商行业，大多数的传统行业也面临着这样的问题，手中具有私域流量，或者有非常好的流量入口，但是不知道如何将这些流量为己所用，反而还在不断喊着流量贵，流量在哪里，如何才能把流量给到我？人上了年纪都会犯一个毛病，有时候钥匙在自己手中，反而在不断找钥匙。

所有的行业都一样，传统的电商行业进入红利期的时候，没有人喊着运营是核心，因为平台红利所带来的流量已经能让先入者赚得盆满钵满了。再看看哪一个行业在风口上提到要运营，O2O刚开始的时候基本所有的风投公司要求必须在半年内把所有融到的钱全部花光，为的就是通过补贴扩大规模，形成壁垒。腾讯和阿里作为后盾的滴滴和快的打车烧钱大战还没结束，共享单车又开始了新一轮的竞赛，最终的结果就是红利结束，两败俱伤，最终到红利结束，才想到运营，这时候可能已经晚了。当然，我们这里所说的运营不仅是指用户运营，更多是品牌运营和人格域的打造。

◆ 告别一锤子买卖的短平快思维

2013年开始的一波创业热潮，资本疯狂涌入移动互联网公司，基本每个垂直领域都有创业者想掘一桶金。加上当时快速走红疯传的互联网品牌越来越多，让人们看到了互联网的强大魔力。

移动互联网的崛起，不管是从产品的迭代、品牌的打造还是资本的投入回报都有一种短平快的思维。尤其是对于品牌的打造和资本的投资回报。

移动互联网和传统行业不一样，大多数移动互联网公司在创立之前都没有设计好盈利模式，首先要做的就是圈用户。只要圈到一部分种子用户，就可以拿到风险投资。而风险投资公司的投资思维也不是等着这家公司盈利之后再收回投资回报，只要下一轮风投进来就可以立即抽身退出。而对于后续进来的公司，一般都要考虑所投项目是否具有该领域首先上市的资质，如果具有资质那么投资才有跟进的可能性，否则风险增大，投资很可能告吹。对于投资公司来说，公司最后能不能存活下去不重要，能不能走到盈利的那一天也不重要，投资回报重要，但比投资回报更重要的是在短时间内快速地抽身退出。

除了风险投资之外，移动互联网开启之初，因为流量红利的原因，爆品也层出不穷，更多的电商公司通过打造一个爆品来进行引流。通过爆品引流的思维害了不少的公司，很多的公司幻想着通过一个爆品作为引流产品，然后带动周边产品的销售。殊不知，爆品具有严格的前提条件，那就是强大的流量支撑。就像一个没有人气的商场里，你把某款衣服鞋子卖得比成本价还低，你不把这个信息传递出去不可能会有人光顾，即便是你有部分的客流，是不是能进行裂变传播也不是全靠产品的。电商平台中，可以成为爆品的商品太多了，但只有那几个产品成为爆品，无一不是靠着强大的流量进行支撑。而现在，在流量红利的尾期，爆品思维已经没有市场。因为说到底，爆品思维是一种短平快的思维。

互联网品牌大多数也是短平快思维的产物。

互联网的基因决定着附着在它一切的都要快。2013年到2015年，小米的强势崛起让诸多的互联网产品红极一时，餐饮界的雕爷牛腩、黄太吉煎饼、西少爷肉夹馍、APP产品脸萌、魔漫相机、足迹等还有一些现在已经想不起名字的产品。这些跟互联网沾边或利用互联网思维进行传播的产品几乎都是一夜之间让我们耳熟能详，笔者也曾专门探讨过这些产品快速疯传的原因。但快速获得知名度并不代表品牌，这跟电商里的爆品商品是一个道理。

知名度并不代表着品牌，知名度可能会在短期内带来巨大的销量，但是昙花一现的知名度缺乏品牌的基本积累。在畅销书《超级符号就是超级创意》一书中作者提到，品牌的三个社会原理，其中之一就是社会监督原理。品牌是一种社会信任的博弈，企业通过创造重复博弈，给消费者惩罚企业的基业，从而赢得消费者的放心选择。产品和服务都是使用、体验之后才能得出是否会下次继续消费的结论，我们不止一次遇到过这样的饭馆，服务或菜品不佳的时候我们都会说下不为例，如果是先体验，满意后再付费，恐怕品牌也就没有了存在的价值。正是因为，一次的博弈在社会中大量的存在，所以品牌才会诞生。为什么到超市了你不假思索就会选择你要喝的水？这都基于你多次的博弈经验。但是，你到高速公路的服务区，旅游景点你就发现那里的东西不仅贵，服务态度还极差，其中的道理不言而喻。所以，麦当劳、肯德基在所有的高速公路服务区，旅游景区的店面全都是总部直营，没有加盟商的事，因为加盟商不考虑品牌的事。

知名度可以快速地打造，但是知名度不代表着品牌，一夜之间红极一时的产品，快速风靡全网的爆品，这些产品都有一个特点，那就是必须进行快速地收割，不及时收割那么想再收也收不回来了。

传统的流量思维是一个短平快的思维，而私域电商基于私域流量而产生，是一种长效的用户运营思维。从成本上来说，单纯获得一个客户而不往自己私域流量池塘导和只为了一次成交所要付出的成本不成比例，效果也是立竿见影。私域流量说到底必须要有一种长效的品牌思维，如果不从根本转变这种意识，而只是从技术的层面进行改良，成效也不会明显。

公域流量做个人IP和品牌，私域电商做规模转化

出于对新生事物的谨慎，对于任何突然新生事物都应抱着一种审慎的态度，即便是突然走红或红火起来的东西，也要辩证地看待。

私域流量这个概念是在2018年底，吴晓波频道的年会上，通过吴晓波的演讲提出的。2019年，不管是电商行业还是互联网行业，除了贸易战、5G技术、华为之外没有热点炒作的话题，私域流量这个概念有机会逐渐地走红。私域流量这个概念是2019年新提出的，但是私域流量这个商业形态并不是刚刚诞生。私域流量这种商业形态，从2014年就一直有商家在做，作为多家公司的品牌顾问，我接触到的公司仅在郑州和广州地区，以私域流量这种销售模式运作的不下100家，大的操盘企业年销售额达到10亿元以上，上亿规模的不下20家，更多的年销售额在几百万和千万上下，在私域流量商这个概念出来之前，这种模式大多被称为微信直营，有的借助社群较多，叫社交电商。

私域流量概念的走红，让公域流量平台似乎遇到一种危机。这个问题我们也要辩证看待。私域流量一直存在，和公域流量相对，没有绝对的私域流量。对于个人创业者来说，仅仅以微信个人号不断地发展微信好友来操盘私域电商，没有太大机会。私域流量和公域流量各有特点，私域流量的发展和新陈代谢也必须以公域流量作为支撑。无论是多强大的个体创业者，如果仅仅是发展私信好友，完全把流量引入自己的池塘里，不做品牌长远规划，甚至一直游走在灰色地带，不管是从法律的角度还是从商业运作模式的角度来讲都不可长久。

私域流量最终的成型路线就是从小众品牌到大众品牌，这是一条必由之路，否则只能消亡。所以想要私域电商的个人和企业都要做好准备，如果你有不错的流量入口，你准备收一把快钱，私域电商的路子可能太慢了，而且前期投入和投资回报周期也不短。如果你有长远的规划，那么可

以尝试私域电商的路子。

公域流量做品牌，这是毋庸置疑的传播学道理。一条信息同时能够展现到多少人的面前，所能带来的价值不是成简单的倍数比例来计算的，而是呈指数比例来计算。这个数学问题有点难理解，举个例子，中央电视台的春晚和北京电视台的春节联欢晚会同时观看的人数，一个是8亿人次，一个是2000万人次，那么两者所能带来的影响力绝对不是8亿除以0.2亿这个倍数，而是1600倍，也就是40倍的平方这么大。讲清楚这个道理需要较大的篇幅，我的另外一本书《笃定：越过大脑直达内心的品牌法则》中有详细的阐述。所以说，公域流量和私域流量所能带来的传播价值完全不在一个指数上，如果一直埋头于私域流量内，不利用公域流量引流，也不对外传播，那么私域流量最终的结局只能是微缩消亡。

私域流量必须得到公域流量的支撑，业界传的最神乎其神的都是简单暴利的操作方式，都是完全把好友被动加到个人微信号中，一个人可以注册数十个甚至上百个个人微信，然后建群发广告，建社群，招代理收钱。这种模式不能长久。私域流量的核心是运营，池塘的水一直没有流转，那么池塘养不了大鱼。私域流量在运营的同时，要不断地开拓新的流量源，同时打造人格化品牌和商品品牌，最终还是要走向私域电商的模式。私域流量做不到规模转化，只有人格域+品牌域+直播电商才能形成一个相对良性的路径，把生意做得越来越简单，转化效率越来越高。

| 第五章 |

私域电商变现

 影响私域变现的因素 ::

如何变现是一个永恒的话题，无论多好的商业模式或商业形态，如果不能变现，一切都是空话。私域流量从诞生之初就有非常明确的商业目的，那就是追求稳定甚至不受制于其他因素的变现。流量的变现方式决定了不同私域流量池的搭建渠道和搭建方式选择。大多数公域流量平台都有着不止一种变现方式，对于那些已有流量经营者，也不是说想通过什么形式变现就通过什么形式变现，通过什么形式变现既要考量自持流量的特点，自己想做什么，自己能够做什么，又要考虑粉丝需要什么和到底做什么能变现。这一章我们了解不同私域流量池所允许的变现方式，了解了私域流量的变现才能判断到底如何搭建私域流量池。

◆ 交易路径

每一个公域流量的大户发展到一定程度都要考量发展自己的支付平台，因为支付这件事直接决定了交易路径的长短，甚至决定了这个平台最终规模。阿里巴巴最先发明了支付宝，还有专门针对淘宝用户的花呗，在淘系平台里几乎没有平台的交易路径可以比，不仅给在线支付打开了一个缺口，对于解决信任结构问题提供了有史以来最大的改变，没有支付宝也就没有今天的移动支付。其次是微信平台，微信平台的交易路径也无可匹敌，几乎每个人都会用到微信支付，微信支付的线下普及率明显高于支付宝。除了微信支付和淘系的支付宝外，百度也有自己的支付工具，但很明显百度的交易路径就比较长了，更多时候跳转到微信或支付宝上操作完成。京东的窘境和百度支付一样，主要还是因为支付工具的普及率更低，平台黏性更低，微信也正是依赖于超高的社交工具黏性将微信普及，但本质上微信支付并没有像淘宝的在线支付一样形成一个良性的信任闭环，但不得不承认微信平台的交易路径非常短。

抖音、快手、小红书、今日头条等没有自己的支付工具，相比来说交易路径就更长一些，这也是很多人愿意把淘系、抖音、快手、小红书、百度、今日头条等平台流量引入微信里的原因之一。

◆ **平台黏性**

每个平台都有自己的商业模式和商业形态，语音变革催生了微信这个强大的平台，加上微信对于自媒体、朋友圈等属性的打造以及超高的普及率，微信的用户黏性超越其他任何流量平台。抖音和快手的出现，让微信看到危机，抖音和快手的用户黏性也远远超过其他流量平台，而且蹿升的速度非常之快。其次是淘宝平台，淘宝平台对用户的黏性也非常高，加上淘宝直播持续升温，淘宝平台对用户黏性还会继续提升，而且淘宝平台的用户打开频次也会越来越高。从某个角度来说，不考虑高频低频这个维度，淘宝的交易黏性一点不比微信弱，甚至具有更强的专注指向性。

微博、B站、今日头条、小红书也有着非常不错的用户黏性。用户黏性是衡量一个平台是否适合搭建私域流量池的指标之一，但并不是最强用户黏性的平台就是搭建私域流量池的最佳选择，还要考虑一些其他的因素，而且私域流量的运营中也会出现很多问题。黏性强就意味着要时时刻刻跟用户在平台中相遇，如果你和用户只有交易关系，而微信平台却带给了用户另外一种体验，这不一定是一个好现象。

◆ **平台的变现能量等级**

在抖音、快手出现之前，微信和淘宝平台是具有最强爆发力的变现平台，而现在对于大多数的经营者来说，抖音、快手、淘系平台是第一梯队的变现平台。微信的变现能量等级不差，而且相对稳定，但是已经在走下坡路。最主要的原因还是因为微信必须考量社交黏性这一点，考量用户的私密体验，想要把微信商业化，但是又不敢过于商业化，因为在押注未来的布局里，腾讯除了斥巨资入股快手之外，找不到更好在未来占据一席之地的筹码。在自媒体时代，微信通过公众号红利，让一大拨入局者都赚得盆满钵满，但是现在公众号的红利见底，微信还没有找到新的增长点。在短视频这一块布局迟缓，延续了以往不愿意开放的封闭心态，几乎看不到爆发的可能性。微信现在依然是具有超级变现能量的平台，但是后续不足，更不可能具有抖音、快手、淘系平台那样的爆发机会，而且从能量形式上来看，微信已经成为常规工具，是地面部队，而抖音、快手、淘宝直播则是轰炸机。

平台能量的等级是一种基本可预见的未来趋势，私域流量需要依赖平台的能量，而且要不断从平台能量中汲取养分，在所属的平台中自循环，实现新陈代谢，如果平台带来爆发的可能非常低，甚至一直是平淡乏味的日常运转，那么从一开始那天就会持续萎缩。

◆ 平台对粉丝的利用情况

公域流量平台在诞生的时候可能还没规划成型如果有一天成为超级流量平台的时候通过什么方式变现？又能通过多少种方式进行变现？变现的规模有多大？建立平台的成本非常高，如果平台没有好的变现模式，也就无法称之为良性平台。对于用户过度的攫取也会造成恶果，最明显的就是百度平台。

百度是所有流量平台的反面例子，百度有着巨大的流量，是搜索引擎时代霸主，但因为搜索竞价广告的质量把控不佳，百度用一种近乎竭泽而渔的方法糟蹋自己的平台流量，成了行业内都不待见的平台。加上战略布局的各种问题，百度的商业机会和平台价值大大降低，虽然百度不会很快退出互联网商业版图，但是已经沦为鸡肋。

淘宝对于流量的利用也过于充分，钻展、直通车、淘宝客、竞价排名各种各样的花钱推广，淘宝也把流量应用得极尽手段，以至于现在的搜索流量成本非常高，仅仅通过搜索流量淘宝店家没有办法实现盈利，90%的店家都不挣钱甚至亏钱，所以淘宝几乎是全网都在合作引流，无论是抖音、快手还是微信、微博、小红书、百度，如果没有外部流量的加持，淘宝的地位恐怕也会不断地下滑。

相比于淘宝，微信对平台流量的利用相对较低，除了微信公众号广告、朋友圈广告和微信平台与第三方应用的合作之外，微信几乎没有对平台流量进行过打扰式的开发，这也是微信能够成为私密社交工具的重要原因。但这并不代表着微信平台的流量还是一片蛮荒之地。

正是因为微信平台对流量的开发不够，微信上充斥着各种各样乌七八糟的流量黑井，例如微信公众号、微信群、微信朋友圈里边的微商，微信平台的合作方滴滴打车、京东购物等。这些流量黑井，例如微商对平台流量的开发也到了一种焚林而猎、杀鸡取卵的地步。微信公众号生态也已经发生质变，所以看似腾讯对微信平台的利用不够，但实际上微信平台的流量利用情况不容乐观，而且相比于淘宝、快手这些平台明确的规则管制和极强的信任机制保障，微信自己对流量利用克制，但无奈山寨林立，整体来说微信流量的利用情况相对淘宝、快手、抖音等并不占据优势，当然这和平台信息、内容的生成组量和质量有关。

抖音、快手是新崛起的超级流量平台，目前来看抖音主要想通过中小客户的广告投放进行平台流量变现。短视频目前还处于风口期、上升期，所以商家对短视频的流量利用套路还不熟悉，抖音内广告相对较少。其次是抖音小店卖货、淘宝引流和抖音直播打赏等变现方式，平台从中抽成，可以看出抖音从一开始就制定了平台规则，可以由内容创造者、私域流量主来进行变现，都和平台捆绑到一起，到了平台流量的稳定期抖音也会面临一些流量利用过度的问题，但目前看流量利用情况相对乐观。快手和抖音对平台流量的利用方式基本相同，但是侧重点不同，主要在用户对私域流量的自主权上。

◆ 用户（粉丝、消费者）的流量自主权

用户的平台自主权分为两种，第一种就是C端用户，第二种是B端用户，以淘宝为例，C端是纯粹的消费者，B端就是淘宝卖家。大多的平台都想通过一种良性的变现方式，最好是对C端用户毫无打扰的方式实现平台的变现和流量主的变现，以抖音为例，抖音主推的是广告，通过广告平台发布广告合作方的要求，然后内容生产者把广告植入流量内，最后进行变现，这种方式就不损害用户的体验，而不是把用户从抖音引流到微信里，然后收割一把进行变现，平台非常讨厌这种方式，对于平台和流量主都有害无益。目前来看，淘宝、微信等对流量的打扰度非常低，抖音、快手等其次，而百度、小红书、微博等平台对于用户的打扰度相对较高，甚至具有干扰识别的问题。

除了C端用户，B端用户对于流量的自主使用权也非常重要，也是决定流量变现、决定私域流量池搭建的关键因素，这方面快手的平台规则更符合这一逻辑要求。

淘宝虽然推出了微淘、买家秀、上线、短视频等模块，但是说到底流量主对于用户的注意力管控还是相对较低，当然也不是流量主对用户注意力管控越高越好，但流量主能够触达粉丝，然后让粉丝能够自主选择是必要的，微淘在这方面不能说优秀，只能说一般。微信则不同，微信公众号在改版之前，对于流量主和粉丝之间可触达性非常高，也就是说流量主对粉丝的注意力掌控非常高，后来微信不断改版，最终微信公众号成为鸡肋，微信私人号和朋友圈崛起，结果是微信私人号的打扰式群发和微信朋友圈的微商透支式刷屏消费让微信流量主的注意力掌控权过高，所以微信平台才不断调整规则，甚至是降低好友数量，降低展示量，封号等操作，

可以说微信是一个反面教材。

快手是一个比较好的私域流量范例，快手将30%的平台流量分配给更多的内容生产者，将70%的流量分配给流量主的关注者，因为流量主的粉丝都是自主选择的关注对象，所以两端的黏性都比较高，不管内容浏览量还是卖货等，流量主都能获得不错的收益，而粉丝也不会嫌弃过于打扰。抖音把更多的流量划到公域流量池，爆品视频更容易获得巨量的播放量，用户的选择权降低，有利有弊，但从私域流量的构建来看，抖音更容易爆发出优质的内容，也鼓励内容的生产，逻辑上更合理，快手更适合私域流量的构建，IP打造和电商卖货是未来的主流方向。

不同平台私域流量的变现

◆ 微信的流量变现方式

微信平台有微信公众号、微信私人号、微信群、腾讯直播、微信小程序以及企业微信等不同的形式流量聚集方式，每一种流量的聚集方式意味着一种变现的方式，但是不管通过什么形式聚集流量，微信平台的变现方式只分为三种，卖货（买服务）、广告、线下门店。

微信可以卖货的方式很多，最原始的卖货都依赖于微信公众号，随着微信熟人社交关系的渗透，信任成本的降低，微信个人号、微信社群卖货开始崛起，基本上取代了微信公众号卖货。其次，微信是大多数线下门店的聚流、导流核心，可以说这是个非常强大的O2O变现地，很大程度上代替了饿了么、美团的功能，可以说微信在O2O这方面具有超越美团的潜质，对于大多数的中小门店，一两个微信号能覆盖50%的核心客户，而这50%的核心客户能带来80%以上的销量，最重要的是没有中间商赚差价。

微信公众号卖货目前的主流模式是内容电商和服务电商。内容电商主要是通过情景化的方式引出产品，以内容作为流量入口，顺势将流量导入有赞、微店等电商平台以及小程序，刺激消费行为。不过因为微信公众号的打开率过低，微信公众号卖货已经到了穷途末路，非常多的流量主都把流量聚集在微信公众号上，通过公众号变现是不得不走之路。腾讯直播开通后允许微信公众号直接绑定跳转到腾讯直播，趋势如何还有待验证，但目前来看微信公众号的势能已经无法回转。

微信朋友圈、微信社群和微信小程序的搭配能够弥补微信朋友圈、微信社群的边界局限性，也能改善一部分微信灰产的存在，而且微信小程序和小程序直播的打通，或许能给在微信私人号、微信社群布局私域流量的经营者带来想象空间。

门店变现本质上也是卖货、卖服务，除了卖货，广告是微信平台另外一种核心的变现方式。这种变现方式不仅是微信官方平台的主要变现方式，也是流量的常用变现方式。微信的广告变现分为两大块，一个是开通流量主，另一个是接商业广告。

◆ 广点通广告

广点通，一般指微信公众号末尾的Banner。卖广告的公众号主被称为流量主，品牌主称为广告主。流量主变现是微信公众号最常见的盈利方式，流量主和广告主在公众号官方平台上开通，按照广告点击次数计费。主要推广产品（广告主）为品牌官方公众号，比如锤子手机、一条公众号等。以竞价排名的形式定价，目前获得单个粉丝的成本已经从早期的1角、1元上升到5元左右。

这种投放方式非常精准，点击一次生效一次，广告投入基本上没有浪费。目前有三种形式：底部广告、互选广告和文中广告。

1. 底部广告

在开通流量主后，文章底部会自带微信社交广告分配的广告，并参与流量分成，展示形式也多种多样，有关注图片、下载卡片、图片、图文、大图、卡券，等等。当粉丝点击文末的广告后，流量主（即公众号）就会有一笔收入。点一下大概收入3角钱，如果你的文章平均阅读量有1万，按照行业标准1%的点开率计算，就有100个人点开广告主，这样你的收入就是30元。如果你的文章阅读量达到10万+，一篇文章的收入就很有可能超过300元。公众号每天最多能推8篇推文，如果首篇10万+，其余7篇平均按5万计算的话，一共就是1350元。

2. 互选广告

公众号互选广告，是广告主和流量主通过微信广告平台双向互选、自由达成广告合作的一种投放模式，流量主放出报价，同时承诺完成多少曝光，由广告主衡量是否愿意投放。广告创意呈现在公众号文章末尾，并将成为文章内容长期保留。互选广告的计费方式基本是以CPM为主，但是采用的是和KPI捆绑的形式，有上限无下限。

3. 文中广告

"文中广告"具体位置由流量主在编辑文章内容时设置，相比底部广告，不仅在位置上可以随意设置，呈现形式上也更丰富。目前"文中广告"的广告形式主要有5种：公众号推广、移动应用推广、品牌活动推广、微信卡券推广以及电商推广。文中广告的点击均价在4到6角。现在比较常见的是在公众号文章中间插入小程序广告。在公众号文章中植入小程序广告banner，点击banner即可去到指定的小程序页面。

◆ **商业广告**

1. 硬广

你平常熟悉的电商品牌，比如每日优鲜、爱鲜蜂、沱沱工社等，基本上发的都是硬广。还有一种硬广是由甲方提供一篇文章，在乙方的账号上推送。比较常见的是P2P金融产品、化妆品、外语学习类等。硬广有点简单粗暴，广告费用也最为低廉。缺点就是影响阅读体验，转发率会很低，而且容易伤粉。粉丝对广告有天然的排斥，强硬粗暴的广告植入，在影响阅读量的同时也会伤害用户体验，想要高转化，又不想伤害用户，软广不失为一种有效的推广方式。

2. 软广

对于有内容创作能力的公众号来说，大部分接的广告都是软文性质的，需要甲乙双方深度沟通后才能落实。和硬广相比，软广对文章质量要求非常高，精妙之处在于把产品卖点和有料的内容结合在了一起，在讲故事的同时顺利过渡到了产品上，不伤害用户，黏性比较高，所以推广效果好。这其中的代表如：顾爷、深夜发媸、咪蒙、新世相等优质公众号。

软广的报价是什么样的呢？早期的公众号广告报价以"万粉"为基本单位，例如：公众号A报价为500元/万粉，如果是30万粉丝，报价就是1.5万元。当然头部账号不适用，由于数据惊人，他们有自己的收费标准。比如咪蒙的公众号广告费一路水涨船高，头条报价80万元，价格是省级卫视黄金时段15秒广告均价的7倍。

◆ 知识付费、微信赞赏

除了微信卖货、广告之外，微信还具有知识付费、微信赞赏两种变现手段。相对比来说，卖货、广告、知识付费、赞赏是一种等级越来越高的变现方式，而且能量等级也不断降低。微信、简书、微博头条文章、知乎专栏等很多内容平台开通有打赏功能，文章《罗一笑，你给我站住》刷爆朋友圈，阅读量接近1亿，赞赏总额超过200万元。但对于具有知识输出能力的高知人士，这未尝不是一种好的选择。知识付费、微信赞赏等方式变现的过程就是IP价值提升的过程，不管是卖课程、卖资讯还是卖解决方案，只要不违法律，都可以通过微信产生链接。

微信付费社群，也是知识付费的一种形式。微信是一个强关系社交平台，平台上聚集了各种各样的组织团体，付费社群就是需要经过付费才能进入的微信群，付费入群已经很常见，不管是共同身份建立的群，还是同行建立的群，还是共同任务、需求等建立起来的群都可以设置付费社群，付费群的运营方通过收费来筛选优质粉丝用户成为会员，并重点服务好这些优质用户。

这种类型的社群一般都会提供固定的权益，比如免费课程、定期的知识分享、邀请大咖来上课或者答疑解惑，甚至赠送各类资料等。罗辑思维早年做过会员制社群，第一期的会员就卖出5500个名额，轻松入账160万元。

最高层级的知识付费、赞赏变现就是打造个人IP，然后通过IP价值变现。不过这更多依赖于微信公众号长年累月的流量积累和优质内容输出，IP路线变现不限于出版、改编、专业咨询等形式。例如咪蒙，半小时漫画的作者等，都通过优质内容打造了个人IP，然后通过

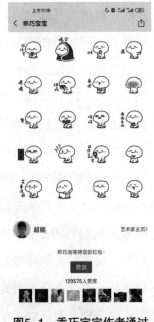

图5-1 乖巧宝宝作者通过赞赏获得数百万打赏变现

图书出版的方式实现了变现。而像不少优质表情包的作者也都通过赞赏或付费使用实现了个人IP积累和变现。（如图5-1所示）

微信是目前所有流量平台中变现方式最丰富多样的平台，几乎每个人都能从中找到适合自己的流量变现方式。从最容易的莫过于服务电商（大多的门店都是服务电商）和平台（微信私人号、微信群、小程序）两种形式，其次是内容电商、商业广告变现，再升级一个层次就是付费社群圈子、付费课程和IP变现。但不管是哪种形式变现，最重要的还是变现的基础，做内容、做商品、做服务，持续为用户创造价值，在创造价值的基础上累积流量池，变现。

◆ 快手、抖音变现

抖音和快手是当前流量最大的短视频和直播平台，尤其是在持续攀升的全民直播方向，快手和抖音也是行业前二的位置。根据双方官方公布的数据，前者自称DAU已经突破4亿，后者则计划在2020年春节达到3亿

DAU。虽然二者都是以短视频和直播为主业的超级流量平台，平台变现的路径大方向也是相同的，那就是短视频广告、直播、带货和用户打赏，但是抖音和快手在变现的侧重点上却完全不同。这不仅是根据抖音、快手的用户结构、内容结构以及崛起的内在逻辑不同决定的，快手以人为中心，抖音更加注重优质内容的生产，快手和抖音的流量分配法则也完全不同，这也决定了二者最终的平台走向。

◆ 头部VS腰部，快抖不同的流量分配法则

巨型流量池是实现商业变现的基础。快手抖音的海量日活归结于不同的分发机制而形成的差异化产品定位，快手的标签是"接地气，小镇青年"；抖音给人的印象是"有调性，城市白领"。这两种不同体验感受的背后是由两套完全不同的流量分发逻辑来支撑。

抖音平台实行的是中心化的"计划经济"。每一条新的短视频内容，抖音平台会基于内容质量、创作者的粉丝数量等给予一个初始流量池，将视频推送给具有相同兴趣标签的用户和这个创作者的部分粉丝（通常是先推荐给300用户），当内容的点赞量、评论量达到一定的标准后（通常是5%～10%的点赞量、点评量和一定的跳出率、完播率），这条内容将滚动到下一个更大的流量池。由于抖音将分发权限控制在抖音平台自己手中，极易制造爆款和产生头部KOL。数据报告显示，抖音的头部效应占比2.7%的头部视频，攫取80%以上用户的关注和参与；粉丝数超过1万的头部用户仅为4.7%，整体用户覆盖率却高达97.7%。基于这样的流量分发逻辑，抖音平台的KOL引流能力更强，曝光量更大，头部品牌及大型电商平台目前仍倾向在抖音上进行投放，"京东去年仅在抖音就投放了10个挑战赛，将近4000万元的投放预算进行引流买量。而淘宝、雪碧、必胜客、欧莱雅、宝马也从'试水'转变为更有策略和针对性地投放。肯德基采购了两个挑战赛后，目前麦当劳也开始与抖音接洽。"

快手平台实行的是去中心化"市场经济"。2011年，程一笑等创立了

当时还是动图工具的GIF快手。之后宿华加入，快手转型短视频社区。在他们公平普惠的价值观下，快手在相当长的一段时间内低调耕耘，坚守"每个用户都需要被看见"的原则，对所有用户一视同仁、不设推荐位和排行榜、不刻意引导爆款话题。其基于用户的社交关系、用户兴趣，用"普惠"式的流量分发机制来"调控"流量分发，基本上，所有用户的推荐都较为公平，获取的流量支持大致都在一个量级。在这种机制下，头部用户的内容会更容易被粉丝刷到，双方的黏性更强，商业转化的效率更高。这也是"老铁经济"诞生的基础：腰部用户的内容也能获得平台流量的支持，在电商变现上也增添了机会。

◆ **电商VS广告，快手抖音变现路上的两个方向**

从短视频的商业变现路线可以发现，平台变现形式无外乎信息流广告、直播、电商、MCN孵化四种。由于快手、抖音在流量分配、运营策略方面打法的不同，双方在变现途径上虽然泾渭分明，却仍时不时越界"试探"。2018—2019年，抖音主要围绕蓝V、星图和信息流三个产品的商业化变现进行调整和布局。围绕蓝V，抖音上线POI、快闪店、购物车、小程序等营销工具，近期还推出"商家"功能；星图则进行减少平台抽佣、降低红人入驻门槛、放开购物车权限等规则上的调整；信息流方面推出DTV、TopView等产品，兼顾用户与品牌双重体验。不难看出，信息流广告本来就是与今日头条一脉相承的基因继承，蓝V和星图则是抖音基于公域流量的变现，在一定程度上也带有信息流广告的性质。

快手的特点是，既有强大的公域流量，也有强大的私域流量，但在商业化变现的路上，快手过于克制。其克制的原因可能与其带有很强的腾讯基因（2019年12月3日，快手以286亿美元的估值接受腾讯领投的30亿美元，腾讯等持有20%的快手占股），深度布局的社交社区有关。

相比抖音，快手依托于兴趣、地缘、熟人等属性打造的社交关系其用户和平台间的联系是双向和深度的，"老铁666"的背后，并不只是粉丝对KOL的赞赏，更多的是粉丝对KOL价值的认同和追随，这也很好理解，在"老铁经济"下，快手达人可以获得更多的打赏和电商收入。

◆ 平台变现和用户变现的关系

抖音和快手的平台变现是信息流广告、直播、电商、MCN孵化等，用户变现和平台变现相辅相成，说到底用户是给平台打工的，平台不能盈利，个人用户自然也无法变现。但从抖音和快手的不同逻辑结构来看，抖音主要依赖于广告、直播打赏收入，最后才是短视频卖货和直播卖货的电商收入，但是从2019年年尾到2020年开年，抖音也开始加重对直播带货的扶持，越来越多的网红开始涉足带货这一领域。

快手的主要收入也是信息流广告、直播带货和直播打赏收入，而且游戏直播也在快手的重点扶持之中，快手的直播带货收入和广告收入所占比例非常高。从平台上看二者差别不大，但对于个人用户变现来说差别还是非常大的。

抖音用户的变现方式主要是广告（包括植入广告和平台任务广告）、直播打赏（音浪币）、门店变现、短视频带货、直播带货收入等。

◆ 平台广告

巨量引擎是抖音的广告流量平台，进行广告资源对接。巨量引擎旗下的星图平台为广告主和 KOL 实现广告对接，帮助广告主实现创意制作、投放辅助、效果优化，为品牌和达人提供广告任务撮合服务并从中收取分成或附加费用。达人广告一般与信息流配合使用，与合适的达人拍摄创意视频进行软性广告宣传以此形成更高的转化率。在付费模式方面，星图平台使用了信息流广告里常见的充值限额方式，起始充值总限额为20万元。除基础的支付给达人的广告费用外，广告主还需支付30%作为抖音的流量费，以此实现了变相抽成。例如，广告主想购买20万元的软广，需另支付20万元×30%=6万元的流量费给抖音；其中广告主共支付26万元，达人到手20万元，抖音到手6万元。

快手广告生态分为三大部分：快手广告、社交生态、内容生态。快手广告主要是信息流、话题标签页、作品推广三种。信息流广告：形式为原生广告，位置位于发现页的第三行，之后每隔五行出现一次。用户点击广告后观看短视频广告，点击底部链接可进入落地页或 App下载页。计费方式为 CPM 或 CPC。广告主须建立自己的快手账号。话题标签页：如抖音的挑战赛。广告主发起话题挑战，用户可拍摄相应视频完成挑战后获得广告主的礼品。作品推广：针对用户为视频拍摄者，可通过购买流量来实现短视频作品更好地推广，精准获得高价值粉丝，同时也可选择为他人推广。

快手的快接单和快享计划。快接单：快接单为创作者在平台接受广告主的广告订单，通过短视频或者直播定制与发布获得内容收益。广告主在快接单平台中选择与合适的达人合作，制作特色广告，并用达人的账号投放。"超级快接单"在原先基础上进行了算法优化与过程标准化，并且实现了诸多功能升级，如深度链接跳转功能开放、单场多品牌混合直播等。计费方法为"CPT（按时长计费）+CPS（按销售计费）混合计费"。快享计划：达人无须专门拍摄广告视频。在部分作品后添加广告贴片或在评论区上方添加广告信息即可。达人须达到 1万粉丝数。此种广告对用户体验也有保障，只有部分作品被投放广告，且发现页视频不会出现广告标识，不影响视频上热门。（计费方式为 CPC/CPM。）

◆ 门店变现

相比于快手来说，抖音的门店变现非常强大，对于大多数的门店来说，微信私域流量是标配，但是微信只能作为会员系统，微信平台的引流已经穷途末路，只能作为普通的流量池工具。抖音相比快手，对门店的流量更具想象力，非常多的网红店铺都是通过抖音平台爆红的，而且抖音的算法规则对于门店来说投入性价比非常高，一个门店一次的爆红甚至能快速成为全国知名门店，快速变现。比较知名的如海底捞的抖音网红套餐，答案奶茶店短短几个月时间快速发展加盟几百家（已经倒闭），还有位于四川音乐学院附近的爱妻牛排火锅，一炮而红后都得提前1个小时排队定位，否则店家接待不过来。类似这样的门店还有很多，可以说抖音和快手给中小店家提供了一种新的网络推广形式，门槛低，想象空间更大。当然快手也具备门店变现这个功能，只是爆发的可能性小，可扩展的边界更窄。快手的算法规则更适合批发市场商户、厂家、手艺者等人群进行变现。

 私域电商变现

◆ **短视频卖货和直播带货**

这里我们提到了两个概念，卖货和直播带货这两个概念有差别。我们知道，在2019年抖音和淘宝签了70亿元的合作计划，主要就是将抖音的流量导入淘宝，产生店铺的销量，抖音的主要策略就是通过短视频下方添加标签链接的方式，以内容同款的方式进行流量导入，让用户在淘宝下单，抖音通过收入点击费（点击一次购买链接收费1元）和佣金收入多形式流量变现，抖音的内容生产者也从中变现。这就是我们所说的卖货，简单来说就是通过短视频流量进行卖货。短视频卖货不同于直播带货，抖音在2020年开年也开通了直播带货，主要的卖货品类是美妆、服装、食品或生活用品等品类，货源提供商包括唯品会、淘宝、拼多多等，但抖音缺乏直播带货的场景认知，而且涉足直播带货的主播并不多，转化率相对也低，抖音直播带货和短视频流量卖货明显不在一个量级，但上升趋势明显。

除了短视频流量的视频同款卖货，抖音也开通了抖音小店（商品橱窗），抖音店主（内容生产者、网红）可以通过自己不断累积的流量和粉丝将粉丝引导入自己的抖音小店产生销量，抖音小店和快手小店类似，但是抖音小店的销量转化明显不如快手。快手的模式主要是直播带货和快手小店的后续转化。快手的短视频也有非常大的流量，但快手没有类似于抖音的视频同款卖货链接，直播带货是快手核心的销售模式，批发市场、源头工厂、手艺人等汇集在快手的非常多，他们通过直播的方式，在直播下方添加小黄车（购物车），以相对低的价格促进成交，成交转化量可观，除此之外粉丝可以观看直播回放，直播回放也能带来可观的成交量。

短视频卖货和直播卖货完全是两种不同维度的购物模式，可以说短视频虽然拥有非常大的播放量，但仅仅是将流量引入其他平台，依然是图文为主，短视频为辅助的购物模式，缺乏时间一致这个维度，和快手以直播带货为核心的模式相差较大。但不得不说的是，快手的下沉市场用户比例更大，而抖音的一二线城市用户比重相对较高，造成了快手更多以廉价商品为主，在50～80元价格区间的产品更容易销售，给人形成了一种低端标签的印象。

直播带货是代表着未来的一种趋势，不管是淘宝直播还是当红的快手直播，或是刚刚入局的抖音直播、京东直播，未来厮杀是一定的，而对于绝大多数的个人用户来说，直播带货是未来必备的一种技能，也是未来变现的首要和最终选择。

◆ **直播打赏**

直播打赏是所有直播平台最传统的收入方式，不管是传统的直播平台，虎牙、斗鱼、陌陌还是快手、抖音目前都将直播打赏收入列为平台扶持的重中之重。根据公开信息，快手在2018年或实现直播收入约190亿元；2019年，快手直播收入目标为300亿元。相比之下，陌陌、YY、虎牙、斗鱼的2019年直播预期收入分别约为169亿元、171亿元、83亿元、72亿元。快手已是国内毫无争议的直播王者。

目前，抖音的收入主要是依赖秀场直播的抖音币打赏，抖音币1角一个，大多数的主播跟平台的分成比例都是扣除个税之外的50%，不过根据主播的等级分成比例也会有所不同，如果主播签约的有MCN机构，收入则会根据机构与平台方谈定的比例分成，然后主播再与MCN机构分成。靠打赏收入是所有网红主播最轻松的收入来源，但真正能站在收入金字塔尖的人非常少，不过只要是定位准确坚持直播累积一定的时间，通过打赏的方式赚一点零花钱问题不大，但跟平台签约的主播往往不过3%～5%的比例，这些头部主播会有基本的薪资，然后根据直播效益获得分成。目前抖音的直播大多是秀场直播，游戏主播、户外主播和知识类主播比重非常小。

快手直播的打赏模式和抖音不完全一样，快手直播的秀场直播、游戏直播、带货直播都要较大的比例，尤其是带货直播在带货的过程中能够通过对头部主播的打赏进行引流，实现流量在不同直播间的流动，大主播可以带动中小主播，而中下直播主要靠卖货获得收益。整体来说快手直播门槛更低，可直播品类更广泛，只要持续输出，都会有所收获。（见表5-1、表5-2）

表5-1　不同流量平台变现方式多样性对比

平台和变现方式	广告	IP价值	卖货	打赏	卖号	网红价值	自品牌价值	知识付费	佣金带货	流量出租	门店变现	融资	平台补贴
微信个人号	弱		强		弱	弱		强		强	强		
微信公众号	弱	一般	弱	弱	一般	一般	强	强				弱	弱
微信小程序			一般				一般						
企业微信			一般				一般						
微信群	弱		强							强	强		
淘宝			强				强		超强				
抖音	强	弱	强	强	强	强	强		一般		超强	一般	一般
快手	强	弱	强	强	强	强		一般	超强	强	一般	一般	一般
京东			强		强		强		弱				
小红书	强		强		强	一般							一般
微博	强	强	一般	弱	强	强		强			一般	弱	一般
百度			弱										
今日头条	弱		弱		一般	弱		一般					
QQ及QQ群			一般										
B站	强												

表5-2 不同流量平台核心变现路径及能量级

平台和变现方式	核心变现方式	路径长短	平台黏性	变现能量等级	变现方式2	变形等量等级	变现方式3	变现能量等级
微信个人号	卖货	极短	黏性强，高频	一般	门店变现	高	知识付费	低
微信公众号	品牌展示	短	黏性差，低频	一般	卖货	低		
微信小程序	卖货	短	黏性差，低频	高	品牌展示	低		
企业微信	卖货	短	黏性差，低频	一般				
微信群	卖货	短	黏性一般，高频	一般	门店变现	高		
淘宝（直播）	卖货	极短	黏性一般，中频	高	佣金卖货（淘宝直播）	高		
抖音	广告	一般	黏性强，高频	高	卖货	一般	打赏	高
快手	佣金带货	一般	黏性强，高频	高	卖货（店铺直播）	高	打赏	一般
京东	卖货	一般	黏性差，低频	高	品牌展示	高		
小红书	广告（种草营销）	一般	黏性一般，低频	一般	卖货	一般		
微博	IP价值	一般	黏性强，高频	低	广告	一般		
百度	品牌展示	长	黏性差，低频	低				
今日头条	卖货	长	黏性一般，高频	低				
QQ及QQ群	卖货	一般	黏性一般，中频	低				
B站	广告（种草营销）	长	黏性强，中频	一般				

◆ 淘宝和淘宝直播变现

从表1、表2我们可以看出，不管是哪个公域流量平台都有多种多样的变现方式，而且各个平台的变现能量等级都不小，只要深耕一个平台都会获得不错的私域流量，尤其是快手和抖音平台。但是我们看，抖音和快手卖货的最大导向还是淘宝平台。我们都知道微信早就封杀了淘宝，微信平台内的链接没有办法跳转到淘宝，但是淘宝也发明了各种各样的方式防止微信的屏蔽。同时，淘宝其实也非常害怕自己的线下客户流量不断被店家引入微信，但是淘宝却没有办法封杀微信，因为微信的用户黏性无可匹敌，越来越多的淘宝商家都是左手淘宝，右手用微信建自己的私域流量池，但是微信私域流量池的最终成交很大一部分还是要到淘宝上交易。

微信为什么封杀淘宝，不言而喻，淘宝的购物指向性太强大，不管是京东还是苏宁还是唯品会，所有的购物平台加起来恐怕也不是淘宝平台的对手。微信虽然封杀淘宝，但是微信平台的流量太大，还是会溢出非常大的量到淘宝选购商品，淘宝无法伤及微信的主动脉，也伤及不了抖音、快手的主动脉，但是淘宝是一个吸引流量的黑洞，会把所有平台的流量以毛细血管的方式一点一点引入淘宝平台，而这一切都因为信用体系等一切的完善。可以说，不管是在哪里打造私域流量池，私域流量池都会接入阿里平台，不管是C2C、B2C的还是B2B的交易模式。淘宝平台就是一个天然变现的平台，不管是什么形式的收入，直播打赏也好，广告也好，门店变现也好，最终的指向必然要有一部分甚至全部流入淘宝平台。所以，这里说淘宝和淘宝变现其实没有什么要说的，值得说的就是淘宝直播变现。

直播带货模式涉及主播、粉丝以及品牌商家。直播带货可以分为网红直播和商家自播两类。商家自播即企业内部员工通过线上平台进行的直播，主播知名度相对较低；网红直播通过聘请外部网红主播，以直播方式对自家产品进行展示和推荐，吸引粉丝并促成交易。相比于抖音、快手更大的用户体量（DAU），淘宝直播带货规模（GMV）更大。淘宝直播2016年正式开通，2016年当年日活峰值已经达到了千万级，而到2018年根据淘宝披露，GMV超过了1000亿元，增速高达350%，2019年"双十一"的淘宝直播GMV近200亿元，在淘宝总GMV渗透率近10%，预计淘宝直播在淘宝整体的GMV仍将以每年10%～20%的速度不断提升。

淘宝直播产业链中的利益分配主要涉及三方：商品主、主播（MCN）和交易平台。直播带货模式下，从品牌方发布商品到用户最终购买，需要经过MCN机构、网红主播以及交易平台等环节，各方分别从商品主支付的营销费用中抽取一定比例佣金。以淘宝守护主播计划为例，淘宝直播业务白皮书中显示，区分机构主播和个人主播，总佣金分配中阿里妈妈、淘宝直播以及主播的分成比分别为1∶2∶7和1∶3∶6。

直播带货能够充分发挥KOL的引导消费能力，更易形成冲动消费。直播带货模式本质上是引导用户冲动消费的营销手段，主播凭借自身的专业知识和出色表达塑造KOL形象，通过购物氛围的营造和促销手段的运用，激发观众的购买欲望，在短时间内达成大额交易。在如今现代社会的快节奏生活下，消费者在挑选商品时同样看重信息效率以及时间成本，直播带货这一销售模式恰恰解决了消费者这一痛点问题。主播将产品信息言简意赅地说给消费者听，优化了消费者的信息采集过程。直播互动在为消费者解答疑惑的同时，提高了购物效率，让消费者产生实惠心理，也有利于消费达成。

直播过程积累品牌私域流量，实现"流量"向"存量"的转化。直播带货，品牌主可以选择聘请外部网红主播协助带货，也可以选择商家自播。无论何种直播方式主播都能凭借自身人格魅力以及专业知识，沉淀品牌、发展店铺粉丝，积累私域流量。例如在淘宝平台中海尔、美的官方旗舰店粉丝数量均超过500万人。对于积累下来的粉丝，商家可以通过发布新品预告、推送折扣信息、告知线下活动等形式，实现更加精确的定向营销，完成"存量"价值的二次开发。

| 第六章 |

私域电商的搭建

一 什么企业适合做私域流量

◆ 私域单位的变化

从移动互联网一开始，人们都在强调去中心化，那时候微信公众号的关注数也是私域流量的影子，但是后来公众号的打开率越来越低，公众号虽不能说被抛弃，作用已经大大削弱。私域流量当前环境下被提出来，又被人们重视，一个重要原因就是私域单位的变化。

私域流量和公域流量是相对而言，再小的私域流量单位也可以成为公域流量单位，但流量单位的演化趋势就是朝着私域流量演化，而且演进的单位是越来越小，最终具体到个人维度。

中央电视台，过去顶级私域流量主，几乎可以触达每一个中国人，只要能在央视上唱首歌表演个小品就能成为全民明星，只要在央视上打个广告就能成为全国知名品牌。

当年无数企业不惜用尽所有资金外加外债，去争夺央视标王，就是因为这是一场必赢的豪赌。无数品牌正是借助央视强大的私域流量一炮走红。这其中最具代表性的恐怕就是秦池酒和爱多VCD。

1995年，山东临朐县一县属小型国有企业的秦池以6666万元抢摘"王冠"后，次年收入便高达9.8亿元。1997年，28岁的爱多VCD创始人胡志标以2.1亿元戴上"标王"桂冠，当年便实现16亿元营收。不过这两家公司最终也因为流量太大与企业经营能力不匹配昙花一现，快速陨落。

2013年11月18日，第20届央视招标会依旧在梅地亚中心举办，但是这次没有了充气拱门，没有了气球，没有了各种条幅，所有人都能感觉到冷清和萧条。同时这次也是央视有史以来，第一次不对外公布招标数据，因为数据实在不好看。

这是央视流量模式的转折点，背后的根本原因是流量衰落。如今央视广告收入已经跌出三甲，甚至低于京东的广告收入。

央视的流量去哪里了？被新型私域流量主所瓜分。它们是今日头条、百度、淘宝、微信、京东、抖音、快手、优酷、爱奇艺、B站、小红书、虎牙、斗鱼……虽然它们远不及央视当年的流量强大，但是它们在各自的私域里成为该领域的公域流量。

像百度、淘宝、微信这样的私域流量，相对于它们平台上的小私域，它们太大了，让人感觉它就是公域。就如同中国之大，让我们感觉这里就是公域，但是相对于地球，它显然是私域，相对于宇宙，那便是极其微小的私域。但是如同央视一样，它们也在私域流量裂变的过程中，被继续瓜分。

自从移动互联网和智能手机兴起，强大的私域百度也不行了。PC互联网时代，几乎所有上网的入口就是百度。懒得记网址，就从百度一搜。包括阿里、腾讯在内的所有网站都对百度十分友好。后来因为hao123导航网站的崛起，百度不惜重金1000万元收购一个个人网站，因为网址导航拦截了不少百度的搜索流量，直到后来几乎所有的门户网站都上线了类似的网址导航网站，但这依然不妨碍百度的地位，因为搜索在那时候是最金贵的上网入口。那时候流行的一个词叫"SEO"——搜索引擎优化。优化什么呢？优化自己的网站，以便让百度更好地索引（找到）自己的网站。当用户搜索相关关键词的时候，能更大概率展现自己的网站，进而打开网站，成为自己的流量。其次就是我们说的搜索竞价排名。为了获得更多的流量，越来越多的品牌主愿意花大价钱去直接购买百度的前排VIP位置，这就产生了另一个词"SEM"——搜索引擎营销，让用户搜索关键词的时候一定能在第一页前排看到自己的网站。

移动互联网时代，碎片化时间的特点越来越明显。随着社交媒体、各种APP的崛起，大家很少再打开浏览器去看内容，自然也就很少去用百度搜索，因为你想看的东西都在一个一个的APP里，点击图标就能直接打开，体验远远好于网页的效果。

比如，你想聊天就直接打开微信，你想看视频就直接打开爱奇艺，你想看新闻就直接打开今日头条，你想买东西就直接打开淘宝。根本用不着打开浏览器，再在百度里搜索，再点击打开。

百度的衰落是一种必然，依赖于PC互联网崛起的百度被各种各样的移动互联网APP拦截，用户不用再通过搜索引擎可以直接触达想要的东西。百度的私域流量减少了，企业在百度的营销投入也就减少了。直到今天，百度在资讯这块仅有的领地被今日头条、微博拦截，从2015年开始百度营收增速就大幅放缓，最近两年百度的广告收入占比连续下降，2019年一季度财报出现了2005年上市以来首次亏损。

如果说央视媒体是超级公域流量载体，那么PC时代的百度是继央视媒体之后又一个超级公域流量体，只可惜移动互联网时间日历翻得太快，搜索入口改变后百度即立刻失去竞争力。百度的流量入口的地位快速被微信、淘宝、微博等强有力的产品所替代。

而微信、淘宝等替代了百度的超级公域流量单位，又被一个个的新单位拦截，小红书、抖音、快手等，随着微信公众号的兴起，微信的私域流量进一步被分裂成上千万的公众号。每一个公众号都是一个小小的私域流量。因为粉丝对它们的关注，使得它们每次的推文都能直达用户，也就完成了一次曝光。

二 什么样的行业或品类适合做私域

是不是所有公司都要做私域流量？答案是否定的。所有的公司都离不开场域，离不了品牌域，而私域流量和私域电商只是特定情况下一种有效的转化方式。

从场域的角度来说，私域流量并不一定就比公域流量优质，二者没有绝对的优劣关系。私域流量流行的重要原因是流量红利终结，公域流量购买成本太贵。将公域流量私有化，成本虽然高，精细化运营后显然比不断购买公域流量的性价比更高，私域流量的搭建成本不低，但反复利用的边际成本非常低。即便搭建了私域流量池，也不是说就可以离开公域流量，就像我们说的，莫要说苹果、农夫山泉的知名度不够，任何私域流量池都不够大，如果真的以为私域流量池成型后可以高枕无忧了，那就真成井底之蛙了。这是我们前文说私域流量运营2年后就运营不下去的原因，微信私人号的边界非常明显，封闭性很强，三四千好友的场域氛围很难起来，流量的更新换代也非常慢，结局就是慢慢萎缩。

私域流量的前期投入成本相对较高，如果没有原始积累，一切从零开始的话，搭建私域流量池刚开始的人力成本不低，相对直接买流量来说，短期内不一定会有明显的转化效果。没有任何运营基础贸然操作的话失败的可能性较大。所以，并不是所有的业务类型都可以做私域电商。如何判断适不适合做私域电商？

大多数的业务类型都需要提前搭建私域流量池，要做到未雨绸缪，即便该业务类型公域流量的购买价格相对较低，还在红利期阶段，品牌流量能够支撑企业基础的利润增长，当然这也要看流量的涨价速率，当前没有一个行业不需要供给侧改革，没有一个不在降低产能，不发愁流量的企业。已经成为知名品牌，完全依赖品牌知名度就可以无忧无虑的企业，从公司战略层面来讲这些企业只需要好好打造自己的品牌域就可以。但是，对于任何一个大品牌来说，都有无数的分销商、渠道商、店铺面临着营商困境。苹果这样知名度的品牌，自然不缺品牌流量，而且品牌带来的流量的价格非常低，但是苹果的专卖店照样缺流量，它们照样需要搭建私域流量池。小米同样如此，小米缺不缺流量？有人说小米不缺，这也是一种假象，雷军缺流量，小米下边的每个业务门店都缺流量。

其次是，2B业务类型。大多数人不建议2B业务做私域流量，但从本质上讲，2B业务的操作模式就是私域流量。私域流量不是简单的线上CRM，但是跟2B类企业传统的CRM有相似之处，差别就在于场域的搭建。私域流量在形式上是一个会员管理系统，只不过是将2B业务的会员管理模式更加极致地在场域视角下重新构建、运营。试问，哪一个2B业务类型的公司没有自己的会员管理系统，哪一个2B业务不是通过会销、会展活动、线下交流会、行业大会、发布会等场域打造展开业务的。

每个品类、行业的业务特点都不一样，基于互联网常用的判断指标，如频次高低、客单价毛利润的高低、用户决策周期、信息差等因素可以判断该业务类型是不是适合做私域电商。（见图6-1）

图6-1　频次、客单价象限判断图

以保险和旅游行业为例，这些行业都是低频次、高客单价的业务类型，而且毛利润高，还有一个特点就是决策周期较长，且需要专业的服务人员解决信息差的问题才能成交。如果依赖公域流量来做，沟通难度和沟通成本太高，如果依赖私域流量来操作，一旦首次交易，且达到用户的预期就可以建立基础信任，后续再次成交或转介绍的可能性很大。所以，结合图6-1消费频次高低、客单价高低及一些其他业务特性可以判断其他业务是否适合私域电商的运作。

毛利和客单价：高毛利和高客单价的业务类型适合私域流量的要求，私域流量重度运营的模式，需要相对专业人员去做，没有毛利和客单价支撑，也就没有成本支持运营。比如孩子王有6000个专业育儿顾问，当需要相对专业一点的人去运营的时候，而且服务人员有限的时候，该品类必然是高毛利、高客单价。

消费频次：消费频次高的品类基本上已经被大企业、大品牌占据了。这些领域都需要雄厚的资本投入、人力投入。例如快消品行业，现在的快消品已经进入了红海竞争阶段，拼的是供应链和人海战术，毛利润非常低。消费频次高的产品面对的消费者是海量的，基本上也不具备导入小型私域流量池的可能性，只适合品牌域操作，适合私域电商的操作。例如路边的餐饮小店（一般以夫妻店为主，人员有限）和B+类型的饭店，客单价8~20元，一个客单价60~300元的，路边餐饮小店运作私域流量的可能性不大，食客决策随机，店内人员有限，一旦忙起来连收费都可能顾不上看，去运作私域流量收效甚微。客单价在60元以上的B+类餐厅，覆盖的半径更广，店内员工充足，顾客消费批次较低，顾客与餐厅大堂经理之间也需要相对较深的关系维护，运作私域流量就具备一定条件。消费频次并不能唯一决定条件，但通常而言消费频次越高的客单价不会太高，客单价高的消费频次一定不会太高，一般来说频次较低、客单价较高的适合私域流量的运作，类似B2B类业务一样。

服务期及专业度：服务期及服务所需要的专业度也影响着私域流量池建立的必要性。没有跟用户交互需求的业务类型，如果一次性成交用户关系就终结，跟用户再次交互就显得奇怪。同时，服务的专业性会影响服务周期，服务的专业性越强，用户对私域关系的建立越有需求，因为专业更强的业务说明业务门槛越高，售后服务非常必要，用户更想结交专业人士，以补充自己的知识盲区，例如专业的医生、律师、保险等。简单来说，私域流量运作更适合下单金额大，用户下单前需要通过沟通了解情况，消除信息差，增强信任的品类。

决策周期：需要较长时间进行决策的业务类型，跟用户之间交互的可能性非常多，跟用户之间建立信任的可能性就较大。比如保险，用户从了解到决策就要几个月的时间，期间会有多次沟通，用户购买之后还要做售后服务，甚至是终身服务。

基于关系：私域流量是一种人际关系运营的学问，适合建立私域流量的业务跟人与人的关系相关，需要得到用户信任和推荐才能更好拓展的业务，更适合做私域流量。而那些无须太多信任，仅需知名度就可以决策的业务类型，往往更容易成就大众生意，适合品牌域操作。年青的一代要买保险都会慎重决策，更多时候更相信身边人，如师生、朋友或同事的推荐。

◆ 私域电商定位

私域流量概念出来前教育行业已经采用这种形式开展市场运作，因为教育行业的流量成本高的可怕，根据不同的教育阶段，一个成人英语课程的获客成本高达6000～15000元。在教育场景中，对于中小学培训班的用户，学习对象是中小学生，但面对的是家长，决策者也是家长。教育行业的业务模式有着一种天然的群形态，微信群对于家长来说是一个获取信息的地方，对于流量运营方来说是所有运营的承载体，在群里时不时投递一些有价值的内容，转化的概率比任何松散的渠道都要高。

不管是普通的私域流量还是专业的私域电商运作，运作前都要考虑定位的问题。定位不是随便定，如果你从未踏足私域流量或电商，抑或是你已经有了一定的流量积累，那在定位之前你也要先问自己几个问题。我想做什么？我能做什么？怎么去做？我想做给谁看？这四个问题告诉我们，定位必须有所取舍，不是想做什么就做什么，更不是看着别人做什么你就做什么？

定位，简单来说就是定你的用户群体，确定你想要的变现方式，确定你擅长的内容类型，确定想要通过什么平台构建私域流量，打造私域电商。想要变现的产品类型，定是想通过直播电商还是图文电商、短视频电商来进行变现。所以，当你不知道私域流量该怎么启动的时候问一个核心的问题，你想通过哪个平台采取什么样的形式变现？

几乎每一种形式的变现都会指向一个非常明确的平台和运作类型，比如你说你想通过直播带货的路子变现，那你最好选择快手或者淘宝直播，这是行业内公认带货能力最强的两个平台。如果你想通过打赏的方式变现，那就要再追问一句，你能够做什么，你想做什么，你想做给谁看？如果你是文字工作者，你有优质的文章输出能力，那么微信公众号、微博、知乎等内容平台可以考虑选择。如果你能写产品的体验笔记之类，那么小红书的内容平台更适合，而深度、专业的文章可以选择知乎、微信公众号和微博操盘私域流量，积累到一定程度不仅可以通过打赏变现，还可以通过其他很多形式变现，包括不限于文字内容电商卖货、广告、出书等。当然，如果你想通过演艺的方式变现，那么选择就局限在抖音和快手上，如果你想通过游戏直播的形式变现，那你可以选择虎牙、斗鱼、快手这些平台，如果你想通过专业课程的讲演来变现，那知识付费平台可以考虑一下。（见表6-1）

表6-1　不同变现方式的平台选择

变现方式	首选平台	次选平台	三选平台
直播带货变现	快手	淘宝直播	抖音、腾讯直播、京东、拼多多等

续表

变现方式	首选平台	次选平台	三选平台
秀场演绎打赏	抖音	快手	
游戏打赏变现	虎牙	斗鱼	快手、抖音
生活（户外）直播变现	快手	虎牙、斗鱼	
短视频广告变现	抖音	快手	
文字打赏	微博	微信公众号、知乎	
社群卖货变现	微信群	微信小程序	淘宝
文字内容电商变现	微信公众号	微博	今日头条、小红书
种草广告变现	小红书	B站	淘宝
线下门店变现	抖音、微信	快手	
流量出租变现	微信私人号	微博	微信群
微商（代购）变现	微信	微博	
收费社群变现	知识星球	微信	微博
知识付费变现	喜马拉雅	得到、樊登读书会	腾讯课堂、网易云课堂、小鹅通、短书、千聊
智慧（时间）变现	在行	微博	
网红变现	抖音、快手	虎牙、斗鱼	微博、火山

  当然，并不是所有的想入局者都是从零开始的小白，大多数的人都有自己一定的流量积累，不管是通过线下广告的方式、异业合作的方式，还是通过传统电商沉淀的方式、信息流广告投放的方式获取的流量，最终都要把流量导入一个合适的地方。当然这些流量（如果数量不是特别巨大）目前最好的储存地方就是微信，因为微信还能再往其他平台导，不管是淘宝直播还是抖音、快手直播，从微信导出容易，想要导入微信则非常难。所以，最终决定你把流量放到哪儿的，还是你想要通过什么方式变现。事实上，不管是公司、团队还是个人，每个人所具有的变现方式选择都很有限，每一种变现方式都有首选和次选的平台，当确定了想要的变现方式，再对比一下自己所能操作的，那么路径基本就确定了。包括你想通过直播

电商变现，所能选定的产品品类也是有限的。当今，大的直播电商玩家拼的都是供应链，小的直播电商玩家拼的是人品、勤奋、积累和技巧。

三 选择哪个平台建流量池

公域流量基数庞大的平台有很多，不管是社交平台还是购物平台，只要得到一家平台的扶植都足以成为一家A股的上市公司。对于大多数的创业者、公司、店铺、个人而言不可能全渠道建设池子。私域流量重运营，具有较高的运营成本，不差钱的公司有很多，但能够把池子运营好的并不多。当前最热门的私域流量池子都建设在微信这个平台上，微信是当前巨无霸级别的社交平台，除了社交之外它强大的支付、商品展示、信任关系都是其他平台没办法比的。

微信私人号、微信公众号、微信社群、微信小程序单独拆开来讲都没有办法与淘宝平台相比，尤其是微信私人号。对于大多数的个人创业者（微商）、线下店铺、小型公司来说，微信私人号基本够用了，但是微信私人号具有不可避免的缺陷，尤其是管理成本优势和数据获取的难度，以及商品展示和深度沟通介绍的缺陷，完全依赖于微信私人号必然阻碍着业务的长远发展，只能游走在灰色地带。微信私人号进行上规模的业务化运作风险性并不小，平台的管控越来越严。私域流量和私域电商并不一样，如果说仅仅是建立一个私域流量池子，而且用户数量一两万之内，那么用10个微信私人号，一个私人号一两千好友，也未尝不可，但私域流量池划定一个边界的话，也就只有微信平台可选，即便是当前火热的企业微信，虽然开通了很多新的功能，但是也有软肋，成效如何还需要验证。

私域流量池可以解决一部分流量贵的问题，但实现不了流量自由。私域流量池是有边界的，私域电商不能设置边界，更不能把生意越做越复杂。即便是信息差巨大的行当，所有商业运作的目的也是为了降低成交的各种成本，包括时间成本、渠道成本，最好的生意一定是越做越简单，而不是越做越复杂，但微信私人号、企业微信反而是把这件事搞反了。

从12种平台来看，淘宝、微信私人号、微信公众号、微信小程序、微信社群以及京东平台的建池评分整体较高。这些平台也是大多数电商类公司建池子的首选。尽管人们现在热衷于微信平台建池子，但是淘宝、淘宝直播、抖音、快手这些也是不可忽视的重要平台。淘宝已经意识到流量外流的一些不利之处，也在不断探索私域流量池子平台可能性。（见表6-2）

表6-2　不同社交或购物平台适合私域电商运作的指数

平台及特点	公域流量	平台开放特点	市场机会	支付特点	频次及黏性	私域流量池容量	言论可控	成本及管理优势	数据获取	适宜指数
淘宝微淘等	20	9	9	10	6	8	8	6	9	85
支付宝	14	6	4	10	6	3	6	3	5	57
微信私人号	20	5	7	10	10	4	6	3	1	66
微信公众号	20	5	6	5	1	6	5	5	5	59
微信小程序	20	8	9	8	2	7	8	5	6	73
微信社群	20	7	6	5	5	7	3	4	1	58
QQ及QQ群	15	10	4	6	4	9	3	5	2	58
京东	13	9	3	9	4	8	6	6	9	67
抖音	16	9	9	4	8	9	8	7	5	75
快手	16	9	9	4	8	9	8	7	5	75
今日头条	14	8	6	6	6	2	2	5	5	52
微博	12	5	5	4	6	4	1	5	6	48
小红书	11	6	6	6	5	5	5	5	6	55
APP	6	8	2	7	2	9	3	2	10	49

说明：各平台根据10项平台进行评分，其中公域流量单项分值为20分，剩余每项分值10分，合计100分，适宜指数为综合得分，指数越高则说明平台适用性越强。

不同规模体量的公司选择私域流量的运作平台必然有不同的考虑，大多数的小规模运作都没有进行私域流量的矩阵化操作，只需要做个淘宝店铺或微信私人号或微信社群即可。但是长远布局的公司，就要考虑私域流量矩阵的规划，微信私人号、微信小程序、微信社群、微信公众号、淘宝和京东都是必不可少的平台，至于公域流量则需要全平台引流。

APP已经完全过了红利期，虽然有很大的优势，对于99%的规模型公司也不推荐采用，如果公司的业务类型独特，类似于医院这样的专业性业务，完全可以考虑APP布局私域流量，只不过这样操作也必须建立其他矩阵，成本更可想而知。

私域流量、私域电商、公域流量是一个相对的概念，微信的用户基础庞大，但不要只想着微信、用户在哪里，私域流量池子就在哪里。对于小规模的创业团队，一定不要盲目建池子，不要到处引流，要测试出一条最有效的引流渠道后下定功夫，深入挖掘，尽量缩短周期，然后快速复制。其次，私域流量的核心在于运营，换一种说法其实就是，私域流量把生意搞复杂了，但是私域电商则是另外一种路子，那就是通过最简单直接的方式把生意变得简单，成交的时间成本，选择成本降到最低，所以我们说，微信本质上还是一种图文电商，是一种长效思维，而人设这种模式本质上是违背商业本质的。（不同直播平台的特点见表6-3）

表6-3 不同直播（电商）平台的特点

直播平台	卖货或变现特点	开通条件	可分享转发引流方式	开通方式	推荐品类
淘宝直播	开通后可解锁购物车功能，可添加淘宝与天猫商品链接，直接卖货。店铺私域流量、站外引流	可选择手机和电脑直播两种，电脑直播（需要两台电脑A和B）	淘长图、淘口令、H5可转发：①微信好友或群；②微博；③QQ好友；④支付宝好友；⑤钉钉联系人。注意：H5形式只能在支付宝、钉钉中分享，淘长图或淘口令都需要先保存，再到淘宝App中打开	下载"淘宝主播App"，在个人主页点击「主播入驻」「实名认证」，填写资料后开通直播权限	服装、数码、首饰、护肤、零食、美妆等几乎全品类

直播平台	卖货或变现特点	开通条件	可分享转发引流方式	开通方式	推荐品类
抖音直播	可接受打赏或挂购物车卖货，购物车可添加抖音小店、淘宝、京东、网易考拉、苏宁、唯品会等平台商品链接	①先开通商品橱窗，要求账号至少发布过10条视频，且粉丝数大于1000；②开通橱窗后，自动解锁购物车权限	二维码海报和直播间链接：①微信好友或群；②朋友圈；③QQ好友；④QQ空间。【注意：无论是海报或链接，都需要先保存，再到抖音App中打开】	在首页依次点击「创作者服务中心」「开始直播」进行实名认证后免费开播	服装、生活用品
快手直播	平台内私域流量推荐位显著，转化明显。可接受打赏或挂购物车添加淘宝、有赞、魔筷星选、拼多多等平台商品链接	①先开通快手小店：点击「主页」「更多」「小店订单」，填写资料并缴纳500元保证金；②快手小店开通后，自动解锁购物车权限	H5和直播间链接可转发：①微信好友或群；②朋友圈；③QQ好友；④QQ空间	下载"快手App"并注册，在首页依次点击「左上角三横杠」「设置」「开通直播」，按要求完成开通任务后免费开播	食品、美妆、女装、护肤、手工艺品、珠宝等
腾讯直播	支持商家挂购物车进行销售	在官方公众号"腾讯直播助手"回复"开通直播"，获取开通链接；提交营业执照、法人身份证、≥500的公众号粉丝截图，并支付599元/年的官方技术费用，审核通过后开通直播。或通过服务商缴纳费用申请开通	开播前，可创建附带小程序二维码的直播预告海报，发送给好友、群、朋友圈等渠道进行预热、宣传，用户扫码即可「订阅」该直播活动。商家开播，用户会收到「看点直播小程序」推送的开播提醒，用户点击提醒消息，直接进入商家直播间观看。直播过程中，用户可转发直播链接或海报进行二次传播	下载"腾讯直播APP"，关注公众号@腾讯直播助手，在「开通直播」中联系官方指定服务商缴纳599元技术服务费，申请通过后开播	无特定的推荐类目

续表

直播平台	卖货或变现特点	开通条件	可分享转发引流方式	开通方式	推荐品类
小程序直播	支持商家挂购物车进行销售	小程序直播暂不支持商家主动申请,符合以下任意3点的商家,官方会随机邀请开通直播权限。满足小程序18个开放类目;主体下小程序近半年没有严重违规;小程序近90天存在支付行为;主体下账号公众号累计粉丝数≥100;主题下小程序连续7日日活跃用户数≥100;主体在微信生态内近1年广告投放实际消耗金额≥1万元	商家开播前,可将直播间链接分享到好友、群等进行提醒。商家开播,用户会收到好友列表里的「服务通知」推送的开播提醒,用户点击即可直接进入商家直播间观看。直播过程中,用户可转发直播链接到好友、群等进行二次传播	在微信搜索@小程序直播,点击「直播计划」开播	无特定的推荐类目
京东直播	解锁购物车功能后,可添加京东链接的商品	①粉丝数≥20000(站外粉也行);②至少有5场视频或直播经验。实测后发现,达不到要求也可以开通直播	H5和直播间链接,可分享转发到:①微信好友或群;②朋友圈;③QQ好友;④QQ空间;⑤微博	下载京东视频App,登录京东内容开放平台,填写资料,申请认证京东达人。认证后,点击「渠道投稿」「直播」,提交资料等待审核,通过后即可免费开通直播权限	生活日用品、家电、数码、海外购、食品
拼多多直播	解锁购物车功能,可卖拼多多链接的商品	缴纳保证金2000元即可开通直播功能	小程序和直播间链接可转发:①微信好友或群;②QQ好友	下载「拼多多商家版」,填写资料申请开店,「认证店铺」	数码、食品、水果、生活用品

续表

直播平台	卖货或变现特点	开通条件	可分享转发引流方式	开通方式	推荐品类
微博直播	可接受打赏或挂购物车添加淘宝商品链接，微博私域流量可直接变现	微博认证V后，开通直播间挂购物链接功能	网页直播链接可分享到微博群、微信、朋友圈、微信群等渠道传播	下载"微博App"，注册账号并进行实名认证后免费开通	农产品、首饰、女装、食品、美妆等
小红书直播	可接受打赏或挂购物车卖官方自营的商品	小红书购物车权限须通过官方邀请获得，商家不能自主申请购物车权限，0沉淀、直接拿货行不通	海报、小程序、直播间链接可转发分享到：①微信好友或群；②朋友圈；③小红书好友；④QQ好友；⑤QQ空间；⑥微博	下载"小红书App"，在个人主页依次点击「设置」「功能申请」「开通直播」，按要求完成任务即可免费开通直播	服装、美妆、海外代购、奶粉、食品等

四 什么样的用户适合私有化

不是所有的用户都适合私有化，不管是多大体量的企业，行业是否适合私域电商的运作，都不能一股脑地把自己的所有客户私有化到自己的池子里。我见到的某个创业公司，他的APP里有上千万的用户，而APP的黏性较差，就想把自己的用户全都引入自己的私域流量池。且不说私域流量池是否能容得下，运营成本能否支撑，仅仅说操作上就不太现实。APP里的用户，日活有多少，月活又有多少，这些能引入已经不错了。最后筛选下来不过10万用户而已。

如果一家公司有2亿的用户，它一定不会想把他全部导入私域流量池子里，也不可能全部导入，他只能把核心的价值最高的需要重点运营和维系的用户导入。即便是一家只有三五万用户的公司也需要对这些用户进行必要的分类，然后按分类导入流量池子。

不同的行业不同交易类型的公司有不同的用户分类办法，但私域流量最终都是为了成交，这里我提供一种分类方法来区分哪些用户需要导入。

核心用户或粉丝：如果用户成为粉丝，不管是骨灰级老粉丝还是刚刚路转粉的新粉丝，只要参与了活动，都可以考虑导入。粉丝对产品的购买大多都有笃定性，甚至对竞品有排外性。所以，只要是具有粉丝特点，不管是粉到哪个程度都要导入。该部分客户只占到整个客户群体的3%～5%，导入的沟通效率也会较高。

复购客户：复购客户是购买过产品或服务，且对产品服务达到基本预期的客户，复购客户完全有可能分享自己的购买和使用体验，带动身边人的购买，重点维系这些用户，当这些客户达到一定数量私域流量池就会有裂变的可能性。根据不同品类该部分客户占到私域流量池规划总量的15%左右。

首次购买用户：购买用户包括购买中和购买后的用户，在消费者进行询单、深入了解、体验中、付款前、付款后、使用后、二次购买前都叫首次购买用户。首次购买用户要想发展为复购客户，要对产品的预期和体验效果达成满意，这包括服务和产品使用。该部分客户的导入池子的沟通成本较核心用户和复购用户较高，该部分客户总数占到私域流量池总数的40%左右。

潜在客户：潜在客户是询单客户或公域流量留下联系电话的客户，这些客户原则上也是购买客户，通过公域流量引入的潜在客户成交的可能性非常大，所以针对这部分客户可以专门建立流量池子，需要专业的运营人员来维护。该部分客户可以占到私域流量池子的50%以上。

泛粉：对于大多数的私域流量池子都没有考虑泛粉导入的可能性，根据品类和行业特点，泛粉也有转化的可能性。根据品类特点和运营的成本大小，可以考虑将泛粉导入一部分，但不宜过多，也可以专门开辟池子，进行测试，如果数据客观，可以针对不同的引流渠道建专门私域流量池。

◆ 较早开始私域流量运作的主体

电商店铺

电商店铺，无论是淘宝、天猫、京东、拼多多、苏宁或是当当等平台，对于店家来说所有的流量都是属于平台方的。平台方的流量是公域流量，电商店铺想要成交，除了利用规则进行内容优化外，更多地需要买广告换流量，只有产品曝光才有店铺曝光。建立私域流量池，把花钱买到的流量沉淀，然后反复利用，这是当前电商店铺的通用做法。

另外，即便在电商平台上销售的是不符合私域流量运作的业务产品，也可把核心的用户引流到私域流量池，深入地交互和关系运营，可以向该部分用户销售高毛利，高客单价的产品，甚至在获得用户消费数据后，把私域流量租借给其他商家，这是目前电商店铺卖家的常用做法。

传统流量方

不要以为公域流量只有互联网平台上才有，事实上，其流量入口非常多。私域流量本质就是一个用户的概念，只要能获得用户，从什么地方导入流量都是可行的。

传统流量方，尤其是掌控传统媒体资源的人，掌控大量数据的公司或平台。他们的流量越卖越贵，他们也想流量在自己的池子里生根发芽，而一锤子买卖卖出去。比如，当前微信公众号的价值越来越低，打开率越来越低，但是微信公众号背后的订阅粉丝是难能可贵的量，所以很多做公众号的人都开始把订阅粉丝导入自己的私域池子里。

线下实体店

从2013年开始，线下实体店的生意越来越难做，空置的门店数量越来越多，以餐饮行业为例，每过半年一条街的商家就要全部轮换一次。在2015—2019年，各个城市的商业综合体（shoppingmall）井喷式增长，以上海为例，2017年上半年10家商业综合体开业，2017年下半年31家商业综合体开业，2017年底上海一共有230家商业综合体，几乎每3千米就有一个商业综合体，而且商业综合体的在建和未开业数量还在持续增长。商业综合体的快速增长，让大街店铺的价值越来越低，综合竞争力越来越小。

商业综合体有商业综合体的优势，但井喷式增长最后的必然结果就是狼多肉少。线下实体店铺早已经到了红海竞争的境地，线下店铺可以说比电商店铺还要早布局私域流量，大多数是让店长加用户的微信，但是缺乏电商店铺那样的运营技能，很多的线下实体店建了私域流量池子变现并不容易。所以，如何把线下实体店铺导入线上的用户转化成真正的收益几乎是所有线下实体店面临的一个难题。

◆ **传统企业为什么没办法做私域流量**

首先是我们前边提到的财务思维在作祟。

移动互联网刚开始的时候，传统企业要转型互联网的企业一天天焦虑万分，几乎都要转型互联网，但是大多都转型失败了。有些存活了两三年最后还是没有坚守下去。最不愿意放权的是传统企业，家族企业居多，投入多少要即时要回报，这不现实。基础为零的传统企业要做私域电商，下定决心也不一定能经受得住财务部的考核指标要求，前期投入不小，但是短期没有成效。传统企业做互联网，如果企业老板没有定力，对互联网没有深刻的认识，最好还是不要抱着投入点钱玩玩的想法。

其次是运作方式的改变。传统企业中最重要的是销售部门，而互联网里没有销售人员，运营是重中之重，没有运营就没有私域流量。运营就是和用户打成一片，处理和用户的关系，整天无所事事一样。传统企业的管理思维很难容忍这帮子年轻人"瞎胡闹"。

再次是公流量私有化的过程，传统企业不愿意花钱，而且花钱部门不负责赚钱，这不能接受。传统企业具有一定的流量，大多在产品上，只是产品的增长乏力，不能带来可观的利润，所以才考虑转型，这就造成前期不愿意投入资金引流，流量池成规模速度太慢。传统企业更愿意把钱花到购买产品的用户身上（直接让利做促销），不愿意把钱花到潜在客户甚至泛粉身上，传统企业身上的种种都不利于私域电商的操盘。

第七章

私域流量的场域管理

一 场域

◆ APP之殇

互联网思维这个概念出世之后，每一家企业在设立自己移动端战略时，都立下了"平台化"的宏远目标。资本疯狂的时候任何一个垂直领域都被当作平台下重注，经过了2015年到2017年这一段的沉淀，大多的APP上线经营一段时间后才发现，做平台不是简单的事，平台也不是谁都想做的，即便是做一个垂直领域的平台也面临诸多的问题，APP普遍面临着用户增长乏力，用户活跃度低下的窘境。

企业想通过APP实现平台化，最直接的原因就是以为APP的生意就是用户搬迁，原本以为自己有巨量的用户，只要通过一点利益诱惑或者胁迫就可以全部把用户转移到自己的APP之内，最不济也能有个50%～80%的用户被转移进来。事实上即便是最容易转化进来的高知识学历的年轻群体，转化率也很可怜，根据数据显示，在实际的经营中发现绝大多数企业都没能将30%，甚至20%的会员转化使用自家的APP。

星巴克、屈臣氏、麦当劳等这些品牌都有着巨大的用户量，在2014年之后，这些企业都开发了自己的APP，而且推广策略也不断向APP端倾斜。事实上星巴克、麦当劳、屈臣氏的APP会员数量有限，反而都在微信小程序、支付宝等平台不得不重新布局。以星巴克为例，作为一直以来坚定的APP策略执行的零售商，星巴克的每次顾客服务是都会不遗余力地推广用户纳入他们的会员星享卡服务内，同时其核心会员扫码和卡片绑定的功能也都归拢在APP中。星巴克APP用户数量在2017年已经超过2000万，星享俱乐部的活跃用户数也已超过1300万名，但是现在星巴克APP基本上还是一潭死水，没有丝毫的用户黏性。被企业视作在APP端核心的刚性需求，恰恰是最易被平台类产品的功能所替代的。比如：优衣库APP的在线商城功能显然难以打动用户，淘宝旗舰店的操作显然更符合用户认知。同理，麦当劳APP纯粹的外送与点餐对用户来说一样是鸡肋。

据调研机构的研究称，当今用户在APP端的使用呈现"3010"法则趋势，即每月使用平均30款产品，每天平均使用10款产品。回看国内整体移动端的市场，MAU（月活量）超过100万的APP已有上千款，而月活量过亿的APP也有将近40个。大流量、高活跃APP入口普遍已被阿里、腾讯、头条系等把持。企业的APP对用户往往难求一见，下载拿完新手补贴后就被束之高阁，再回首又是百年身。

说到底，互联网公司的APP与传统企业的APP在诞生之初就有基因上的差别。前者通常被视作用户经营的阵地，产品和运营资源有且仅会向线上的用户倾斜。而后者则天然带有渠道的宿命，运营资源受到线下经营团队影响较大，APP运营的形态最终会仅仅成为线上的协同工具而已。

◆ **场域**

从独立性和私域流量运营管理变现的理论视角来看，APP是最适合搭建私域流量的载体。从社会学来看APP的商业本质，每一个APP都可以构成一个独立的场域，私域流量池搭建和运营的过程本质上也是一个场域运营管理的问题。那何为场域？

简单来说，场域指人的每一个行动均被行动所发生的场域所影响，场域并非单指物理环境而言，也包括他人的行为以及与此相连的许多因素。场域有许多种，如美学场域、法律场域、宗教场域、政治场域、文化场域、教育场域，每个场域都以一个市场为纽带，将场域中象征性商品的生产者和消费者连接起来。例如，艺术这个场域包括画家、艺术品购买商、批评家、博物馆的管理者，等等。有人从狭隘的角度理解场域就是许许多多场景的聚合，这不完全准确，场域是一个基于时间维度，将人、空间、时间、社会条件、心理等诸多集合在一个复杂时空里的影响力磁场。

举一个简单的例子，基于微信的微信群就是一个场域。一般而言，微信群的发起，要么以共同的目的发起，例如拼团群、读书群；要么以共同的身份而存在，例如同学群、老乡群、亲友群、工作群；还有一些群的共同性不明确，例如某些企业的客户群，聚集进群的人都有一个客户的身份，但对于客户来说这个身份不可被感知，看着是个共同身份群最终可能是以团购、拼团、发放优惠券、广告信息而存在的一个群。这种形式的群无论是管理、运营、维护以及转化效果来看，效率都较低。从形式上看，微信群就是一个场域，而在这个场域里群成员可以相互影响，而且有明确的纽带能将人连接在一起。打造人设将用户导入微信私人号运营的方式和微信群的形式无太大差别，从某些方面来说，微信群在群成员的相互影响上优于微信私人号。微信私人号的场域相对来说是一个半封闭的场域（封闭成分更大），用户与用户之间影响较小，信息传递的单向性也过于明显，在这个场域里，最核心的只有人格设定和不断推送的朋友圈内容和广告信息。

把用户导入微信或导入微信私人号比导入企业自己的APP容易得多，这道理不难理解。APP是一个独立封闭的场域，微信是一个半开放的场域，用户基数庞大，黏性更强，而这些特点任何企业独立APP都不具备，企业烧冷灶不仅要把锅里的水烧开，还要把灶房烧暖和了场域才有氛围，而微信就是那个有氛围的灶房。场域的构建和运维管理就是私域流量构建的过程，私域流量的构建是一个造场、管理运维防止冷场的一个持续不断永不能停歇的过程，如果不懂得场域构建和管理的基本逻辑，也就不要设想通过私域流量解决流量变现问题，流量自由更是痴心妄想。

◆ 场域打造和场域管理

APP时代每个企业都想打造自己的APP，社群时代每个人都想构建几个微信群，私域流量概念又出来了，越来越多的人又想构建自己的私域流量池。从广义上来说，无论任何形式的流量池都是场域的一种。读书会、私董会、收费社群、各种商学院、各种企业大学等都是场域的一种，说到底也是一种私域流量池，只是流量池的形式严谨，进入门槛相对较高。

构建品牌也是场域打造的一种形式，品牌有品牌域，相对于构建一个私域流量池来说，品牌域只是构建在人们的心智当中，基于共通感知，用户和用户之间会相互影响，甚至品牌用户更多地选择由折射印象而决定。

每个企业、组织甚至个人都想构建场域，就像是发布会一样，科技界里最开始只有苹果一家将发布会这个场域打造地无可匹敌，最后所有的科技企业都要通过发布会这种形式打造自己的场域，结果就是场域太多，中心点过于分散，人们的注意力又应接不暇，这个场景下场域慢慢也就不足为奇。

为什么人人都想构建场域？

企业都想打造自己的APP，核心的目的无外乎是想实现自己的流量自由，其次想获得至高无上的用户掌控权。这个解释对于任何一个场域都适用，无论是私董会、微信群、APP还是各种商学院、企业大学和品牌域。以微信群为例，微信群的构建者成为群主，群主邀请进群的人都要遵守群主制定的规则，例如不可随意灌水，不可乱发广告，或者发送广告需要附带红包，但群主具有豁免权，群主可以随意发送自己的信息、广告，不受规则的约束。微信群在规则上跟企业APP并无差别，APP更加封闭单向传播而已。品牌域同样如此，构建品牌目的是实现流量自由，摆脱流量监狱的牢笼，其次品牌对于用户心智的影响能让品牌操控消费者产生各种购买、传播、影响其他用户的行为。所以单纯从流量自由和操控权这个角度来说，所有的企业都需要构建自己的场域，构建自己的私域流量池，这个论断没毛病。实际操作呢？

自己挖池塘，然后把其他大江大河的鱼引入池塘，然后一点一点垂钓，这是私域流量池最普遍的解释。抑或升级一点，在微信（或者抖音、快手、淘宝）的大平台海洋里，用海洋养殖的办法渔网圈一块水面，然后再从各个平台里钓鱼放到微信平台自己的鱼塘中。第一种方式是称之为"高筑墙，广积粮"，全封闭式的养殖。第二种方式称之为探照灯式的养殖，探照灯能够照亮海洋中的一块水域，然后自己宣布这块水域归我所有了，这是一个半封闭式的独立王国。

构建私域流量池并不难，但如果私域流量池只是一个养鱼的池子，那么问题也就来了。私域流量池构建的本质是场域的打造、管理，而场域绝对不是挖个鱼塘、放点鱼苗养起来这么简单。

从APP之殇的角度来看，这些年依赖社交每天快速爆红而又急速哑火的APP不在少数。爆款意味着荣誉、资源和流量，意味着开发团队能站上山的顶点，受八方朝拜，甚至是快速拿到巨额的融资。因此，在微信和微博这些平台里，朋友圈刷屏或冲击热搜榜便成为不少人想做的事。从2013—2014年的魔漫、脸萌、无秘，到2015年的足记、小咖秀，2016年的faceu、Pokemon GO，2018年的旅行青蛙（见图7-1）、甜蜜定制、子弹短

图7-1　旅行青蛙

信、ZEPETO、音遇，2019年的Spot、ZAO、绿洲。这些都有两个标签，那就是盛极一时和昙花一现，但最终的标签是沉寂，这些爆款现在大多都不见了，要么就是在APP商店里排名连找也找不到。

为什么这些一度爆红的APP会销声匿迹，无非还是场域出了问题，但凡是爆红的APP，在爆红期间所打造出来的场域声量无限庞大，但是这个

声量快速达到顶峰然后衰落。什么是场域声量？简单来说就是一种氛围的张力，就是人与人可以就某个主题相互影响的一种精神、心理、表达状态。例如苹果发布会的声量，不仅在于发布会现场内的人期待获得最新信息并渴望向外传播的状态，而且包括社交媒体、人与人口口相传，为数众多人都知道相关信息的状态，这种状态弥漫在人与人之间，你不需要调查就知道你身边人跟你一样都知道了同样的信息，这就是声量状态，声量状态可以根据声量指数进行衡量。没有好的场域声量管理机制也就没有办法延缓声量下滑的速度，以至于声量在人们心中达到一个稳定的预期的时候进入一个平缓的曲线，最终的结果只能是快速的衰落。大多的场域都会面临这样一个问题，爆红的APP是这样，突然蹿红的网红也是这样，要想能够长久生存就需要延缓爆量高峰后的下滑曲线，然后进入一个相对平稳的状态，这个平稳的状态保持的水平和持续的时间长短是决定爆款（包括网红）生命周期长短的决定因素。而缺乏这种管理的机制场域必然会快速坍塌。所有的APP都必须沿袭这个路子，否则没有生存下去的可能，所以APP不是打造一个场域这么简单，核心在于场域构建之后的状态保持。私域流量的本质就是场域管理，如果私域流量没有好的场域管理和运维思路必然也要沿袭这些APP的老路子。

是不是都要去构建私域流量池，都去打造自己的场域？

打造场域成本非常高，无论什么形式的场域，起初的构建成本可能不高，但最终要付出的运维管理成本非常高。对于个人来说，大多数人，甚至企业对于自己构建的一个微信群都没有精力维护到位，最终沦为死群，无人问津，偶尔有人诈出来扔一个广告，所以，如果没有做好长期运维的准备，就不要急于去打造自己的场域，私域流量池也是如此。场域打造容易，私域流量池打造也不是难事，难就难在管理，但这并不是说就不能构建私域流量池，就不需要进行场域打造了。对于个人、组织、团队、企业来说不一定需要构建私域流量池，但一定要有自己的场域，最简单构建场域的形式就是品牌域。无论是个人IP化的品牌，还是个网红、企业的品牌都是必需的，品牌域根植于人们的心智中，而且是一个长期的工程，无论是私域流量池还是公域流量池，还是一切的商业行为都和品牌域有密切的关系。当然品牌域也会有冷场的时候，但是相对于一个其他形式的场域或有边界有形式的私域流量池冷场到来的曲线要缓和许多，品牌的生命周期也会长很多，最重要的是品牌域没有上限，品牌域是一个战略落脚点。

二 场域、私域流量池和线上CRM

目前大多的私域流量池都是在微信私人号或微信群上，现在更多的一种声音是微信要成为私域流量池T0级的选择，甚至有不少人说私域流量就是微信私人号。这个绝对观点的逻辑支撑有四点：

第一，微信有超级庞大的用户量，是国民最底层的社交软件，谁也离不开，通过微信进行引流的操作成本非常低；

第二，微信支付线下普及率非常高，支付路径短；

第三，私域流量大多是非标准品，需要长时间的客户交流才能成单，微信具有超强的用户黏性，用户在微信上花费的时间远远超过其他软件，微信利于和客户长时间的互动，建立熟悉感，利于打造信任；

第四，微信可呈现的表达形式多种多样，不同形式的表达能使信息触达用户非常有保证。

对照以上四点再看其他平台，确实没有任何一个平台可以和微信相比，不管是淘宝、抖音还是快手。问题在于，这里有一个隐形的假设，精准的用户和成功的人设。精准用户群在操作上没有太大问题，但是成功的人设并不好说。为什么传统的私域流量要在微信上操作，很大程度上就是基于一个虚拟的人设，要么是一个违背基本熟人社交规则的真实人设。

虚拟的人设就是以非真实生活人设的方式通过客服或购物助手身份切入用户的社交圈，这种虚拟人设是最常见的一种。另外一种就是，几个、十几个、几十个，甚至几百人私人微信号都以一个真实的人格为人设，然后通过一个人格生产真实的内容然后复制到其他人设当中，简单来说，如果你是他的客户，那么你并非和人设在沟通，你是在和客服、购物助手在沟通，因为每个人的社交能量是有限的，一个人最多运营2~3个微信号已经满负荷了，说到底这依然是一种虚假的人设，更重要的是它违背了熟人社交的一般规则。

为什么我们说真实的人设非常重要？别看这是一个小到不能再小的逻辑点，但是如果没有这个逻辑支撑，那么私域流量池就会跟火柴棍游戏中抽走最底层的一根火柴棍一样，坍塌是迟早的。

私域流量池需要一个真实的人设，最好就是本色出演，没有任何虚假成分在这里。不要想着微信是一个半封闭的社交平台，在自己的私域流量池里想传播什么内容的东西就传播什么，更不要把你的用户当傻瓜。封闭微信私人号看着是一个能深挖的价值洼地，但是你挖一段时间就会发现，你越挖越难了。这样的私域流量池你只是把它当作了一个线上的CRM，说到底就是一个带展示功能，黏性强一点的非智能化CRM系统，每个微信号还不能添加太多人，还要时刻防着微信平台的查封，一旦查封一个号损失就是几十万，风险巨大。没有什么社交平台能和微信相比，能像微信一样适合做线上CRM系统，但是线上的CRM系统跟微信私域不同。微信私域把生意变得越来越复杂，形态封闭，甚至只有靠忽悠、套路才能成交，这样的微信私域变成盐碱地只是早晚的事。

私域流量池不是线上的CRM，即便带有社交属性，即便是微信这样的超强黏性超大用户量平台，也不是线上的CRM平台。一个封闭的私域流量池想要构建场域的声量，所能用到的资源实在有限，没有声量场域就无从说起。所以，抖音、快手、淘宝直播这些平台相比于微信都具有成为超级场域的可能，但是微信，甚至企业微信也无法成为超级场域的可能。

| 第八章 |

私域电商破解交易的最后一公里

一 人、货、场的转变

直播电商从2016年淘宝开始，但是直播带货是从快手平台兴起的，是一个新潮的事，但是直播却不是个新鲜事物，只不过在这一年急速爆发而已。不过传统的直播有着高门槛，是团队协作性工作，仪式性非常强，然后慢慢降低门槛，从体育赛事直播、国家大事直播、新闻发布会然后延伸到企业领域，如品牌发布会、展会，然后再向下沉淀，到游戏直播，最后发展到今天的短视频平台崛起，直播成为企业标配，到了一个人人直播、店店直播的时代。

从商业领域来说，每年比较大的事件无非是苹果发布会，小米新品直播，罗永浩、罗振宇演讲直播，维密秀、特斯拉等这些品牌直播，国内企业，尤其是科技界的企业也慢慢将直播作为常规公关活动。

直播的下沉，在2016年经历了互联网寒冬前的最后一路爆发，也就是直播千团大战，后来，随着移动互联网的兴起，前几年直播赛道上出现了和百团大战一样激烈的千播大战，海量的直播APP雨后春笋一样出现，一方面把所有的用户教育了一遍，同时把直播的门槛降到了非常低的地步，为每个人提供了自我表达的工具和观看别人表演的平台，这是一次非常关键的直播下沉和普及。在短短一年多的时间里，爆发出上千家直播机构，角逐直播市场，因为所有人都知道直播是下一个风口。但这些的切入口和当前的直播电商完全不一样，基本以游戏和秀场为其入口。最后经过激烈的淘汰，只剩下虎牙、斗鱼、YY、映客、一直播等少数平台，连王思聪的熊猫TV也在此轮竞争中出局，王思聪也就此沉寂。这一类直播大多可以称为内容直播，实质上还是社交媒体平台的一个延伸，整体来说体量都比较小，并不具有广泛普及度。

直到淘宝直播、快手直播电商的兴起，电商类直播才算真正具有全民化的趋势，也才有了人、货、场这么一说，所以说，人、货、场这一说法针对的就是直播电商，而传统的大事件直播和内容直播，很大程度上不涉及货物这么一说。下面我们就具体看三类直播的一个区别。

人、货、场是直播电商的三要素，传统的大事件直播，人不是核心，货的核心比重大一些。比如苹果一年一度的发布会，最能聚焦人心的就是苹果推出的新品手机和一些技术，因为设定的主题就是新品发布会，顺带才是人，主角乔布斯的个人魅力秀（如图8-1）。所

图8-1 乔布斯iPhone 4苹果发布会

以，人不重要，是因为只要苹果还是那个让人喜欢的苹果，发布会是乔布斯还是库克来讲，根本不重要，该买还是买。

内容类直播的核心是人。比如罗振宇一年一度的跨年演讲，罗振宇是所有的核心，人的价值作用远远大于场，更大于他呈现的内容商品本身，因为人们更多是为他这个人买单的。这就是粉丝经济时代的基本逻辑，大家都知道，互联网的流量变现就几种套路，广告、秀场、卖货、会员或一些其他服务。所有的内容类直播，只有一个强力的变现路径，那就是不断通过内容打造人设，强化人设、吸引流量，然后通过人格化信任对流量进

行变现，这个过程中人设是最终的需要。不管是什么场，什么货，因为我只要喜欢这个主播，那我就可以无条件给他打赏，无条件信任。

传统观点内容，电商直播团购卖场逻辑，显然这是一种误读。传统的卖货是人找货，场等着人上门去找，不管是地面生意，还是货架电商生意，要么到实体店慢慢寻找，要么是通过检索直接寻找商品。电商直播的核心不是货，核心依然是人，其次才是场，比如三足鼎立直播平台上的当红主播、薇娅、李佳琦、罗永浩、快手辛巴，观众进入直播间根本不知道是卖什么的，而且观众在直播间停留的时间也比较短，更多是主播推荐什么他们进行需求匹配到后就购买什么。这依然是一种无条件信任，只要是这些主播推荐的，卖什么货不重要，就一个字，买。

这里边有一个问题，明星代言和主播推荐有何不同？本质上并没有不同，主播推荐的商品有品牌背书是基本，团队选品是其次，最后是如果商品翻车主播也跟着翻车，主播对自己羽毛的爱惜决定了他必须跟粉丝站在一起，否则就辜负了这份信任，饭碗不保。

无论哪一种商业形态，传统的还是新兴的都可以通过人、货、场三要素进行分解，而人、货、场的转变能够提升效率，这是一个底层逻辑。（见图8-2）

图8-2　人+货+场的转变

人：由主动消费变成了被动消费。之前去淘宝、京东等中心化电商平台，主要通过搜索找到目标商品，再通过对比最终决策，而主动消费中搜索选品需要一个长时间品牌导入的过程，但被动消费、口碑的传播会大大缩减用户的购物决策，消费者在直播间里可以以评论的方式加强两者的交互，从而得到个性化的消费，提升用户体验。

货：供应链缩短，实现去中间化。一方面，源头厂家自己直播天然具备价格优势，甚至只要厂家愿意，全网最低价永远可以是自己直播间的特权。而另一方面，头部主播有很大的流量优势和规模优势，可以直接对接品牌或者厂家，省去原来的渠道商或者代理商。直播电商实现了去中间商，拉近产品原产地的目标。过去商家需要采购，把货存进仓库然后再上架，而现在这一过程被略去，同时视频代替了原来的图片展示，以一个更真实和直观的方式展示产品，所以不管从货品的展示还是货源上，直播电商都更加拉近了距离，缩短了决策时间。

场：通过直播重新构建了线上消费场景，直观、实时、互动。相比十多年前比较火的电视购物，直播电商增加了主播和用户的实时互动，用户和用户之间也可以引发讨论，有很强的社区氛围。另外，依靠数据分析和运营工具，也可以更好地理解用户、服务用户。"千里眼+顺风耳"的功能变成现实。依靠技术和设备的升级革新，商家通过手机直播可以在任何时间任何场景展示产品，具有很强的时效性。

不过，要重点说明的是，当前直播电商"人、货、场"效率的提升，我们看到的还仅仅是趋势，真正完成市场要素的重构，还需要满足规模化和稳定化，所以，并不是说有流量或者供应链资源，就能大获全胜。

直播电商解决传统电商存在的部分痛点，如信息不对称、用户体验感差、缺少社交体验等。

🔘 明星带货需要与品牌深度绑定

传统媒体时代，媒体可以快速地把广告信息通过电视、报纸、广播给无数的明星拥趸，社交媒体时代，明星因为资本的加持，积累的社交传播力节目，能够让明星代言人把信息迅速传递给粉丝或崇拜者，同时还具有二次传播作用。通常我们认为明星代言，具有非常强的示范作用，也能彰显评判示例，塑造品牌的个性和鲜明形象。

广告大师奥美创始人大卫·奥格威在20世纪60年代提出了品牌形象理论，这种理论认为产品具有它的品牌形象，消费者所购买的是产品能提供的物质利益和心理利益，因此广告不仅应该关注产品本身，更应该为塑造长期的品牌形象而服务。虽然，广告代言人现在铺天盖地，成为企业的标配，但在当时广告代言人理念给人们带来了颇具想象力的观念革新。

进入全媒体时代，品牌与代言人的关系也在迭代，明星与品牌的关系正在变为平等的伙伴关系，甚至深度捆绑的关系，而非只是最初级的肖像权授权使用这么基础的合作。从2019年下半年开始，直播带货热起来后，明星也逐渐加入了直播带货的大军。疫情以来，明星直播带货也成了更常规的操作，明星带货除了要收取高额的坑位费之外，分佣也不低，可以说，直播带货从表面上是一种更深层次的捆绑合作，甚至要比广告代言人这一常规的合作更紧密。实际的明星直播带货，还没有摸到直播的脉门，那就是看起来是深度合作，深度利益捆绑，但在操作上却是走过场，因为直播带货不是流量售卖，也不是流量出租。头部主播的影响力远远不如明星，但是头部主播的敬业精神，对带货品牌的负责要远远超过明星。

如果李佳琦和薇娅能够带货，明星也应该能够带货，这是符合商业逻辑的。但从诸多的明星带货数据来看，明星的带货效果要比这些头部主播差太多了，以陈赫为例，2020年5月16日首次直播销售额达到6785万元之后，后两次直播，包括618直播销售额都急剧下滑，陈赫甚至请来了鹿晗作为直播搭档，鹿晗卖力吃完了整包鸭脖，但最终的数据也只有1847.7万元，这个数据和罗永浩比还可以，但是和李佳琦、薇娅比差了不少，和快手的辛巴比就更差了，辛巴在6月14日带货，达到了12亿元的销售额。事实上，除了陈赫之外，还有更惨的明星带货数据。（明星直播带货首秀销售额见表8-1）

表8-1　明星直播带货首秀销售额

明星	平台	首秀销售额
华少	快手	1.74 亿元
袁弘	抖音	182.52万元
周韦彤	抖音	21.04 万元
吴樾	抖音	32.6 万元
张庭	抖音	2.56 亿元
小沈阳	快手	2438.58万元
柳岩	抖音	400.7万元
薛之谦	抖音	665.75万元
林允	淘宝直播	239.9万元
张檬	抖音	17.12 万元
吕一	抖音	29.33 万元
张雨绮	快手	2.23 亿元
钟丽缇	抖音	84.53万元

数据来源：根据抖音、快手官方、新科数据整理。数据统计截止时间：2020-06-01至2020-06-17。

从上边的数据上来看，明星带货数据都不乐观，除了少量有平台扶持的明星，其他的都没有摸着带货的门道。这到底是为什么？

我们先来分析带货成绩破亿的三位明星，张庭、张雨绮、华少直播带货的方法。关于张庭抖音直播带货首秀，虽然她曾是明星艺人，但她的直播不应该被简单地当作明星直播来看，更像是微商线下活动的线上版。

她的直播间流量并非全部来自抖音，绝大部分来自她的代理微商，从微信朋友圈导流抖音直播间成交，带来超高的直播间销售额。换句话来说，张庭直播带货的成功并非其他明星、主播能够复制的。

而张雨绮和华少都选择在快手直播带货。张雨绮是快手电商代言人，而华少是快手品质好物推荐官。作为快手官方合作的明星，快手给予他们的支持是其他明星难以比肩的。

华少本身就是主持人，对商品介绍、节奏把控和粉丝互动上都很熟悉，直播过程中更是送出了一套海南商品房，该话题也在微博引起热议。

张雨绮的直播带货首秀则是搭档快手头部带货主播辛巴。用一句话给不了解辛巴的朋友介绍他的带货能力：6月14日，辛巴回归快手，单场直播带货销售额超12亿元。最终，张雨绮单场直播带货金额达2.23亿元，涨粉300万。

流量越大，带货能力不一定越强。明星带来的流量并不精准。大部分看明星直播带货的用户可能只是凑个热闹，就像你逛街遇到个明星，难免会想围上去拍张照片。

淘宝直播负责人玄德认为，直播电商的本质是电商，而不是直播。直播电商绝不是流量生意。流量可能是里面的一个要素，但绝不是说流量解决一切。

此前据媒体报道，知情人士爆料小沈阳直播翻车：一个坑位费20万元，承诺10倍以上的ROI，多数品牌连一倍都没有达成。一些品牌方第一次上小沈阳直播，看到官方又有资源扶持，本来抱着很大的期望，却连零头都没达到。尽管坑位费会退，但还是有不小备货损失。明星和商家的矛盾点在于：明星直播带货的重点，到底在明星，还是带货？或者说，到底是明星带货，还是明星带品牌？明星觉得自己影响力大，坑位费应该更高。商家则认为直播带货是销量导向，高额坑位费得保证ROI，谁都不想花了一大笔钱，结果竹篮打水一场空。所以，如果一场直播的坑位费大于佣金收入，那这还是直播带货吗？

明星参与带货搭配，是符合商业逻辑的举措。主播网红可以带货，明星带货应该更没有问题了。只是怎样才能让明星带货发挥出乘数效应的问题。如何才能让直播带货发挥出倍增效应？

从直播本身的特点来看，因为直播是实时进行的，在商品推介密度上只能是按部就班地一个一个介绍，也因此直播电商本身就是一个极为注重头部爆款和转化效率的带货方式。品牌主愿意排队找李佳琦和薇娅合作，拿出的也都是自家旗舰款的商品，就是这个道理。当然，电商直播也有很高的技术含量，明星主播在开播前需要进行细致的准备才能保证带货效果。品牌主应该明白，直播电商不是一个短期讨巧主义的事，更多是一个长期的事业，也必须成为企业的常规工具。没有自己的主播，培养不了自己的深度绑定主播，依赖明星走过场没有实际的意义，明星愿不愿意和品牌深度绑定，愿不愿意通过以品牌人设的身份为你做传播带货才是关键，企业既要警惕表面的广告代言人，也要认清楚当前的形势，只有人格化品牌是根本之路，最简单的就是老板直接上阵。因为明星不一定愿意私下给自己的粉丝、朋友推荐他代言的品牌，但是创始人是终身绑定的，更容易打造信任，创造传播内容。

三 直播带货和品牌提升

不同形式的信息传递方式有不同的表现方式，从信息层面来说，直播带货这种模式能够大行其道，有两个核心因素。一个是当前的全网最低价，实际上是高折扣，商品必须有非常高的折扣，对于大主播来说，不能向粉丝提价，要向品牌主砍价，谁能向品牌主砍价够多，那么在粉丝面前就更有推荐的由头，否则消费者也就没有兴致在直播时候购买了，比如原价100多元的洗发水，直播间能够优惠到30多元，用户必然会产生冲动消费。二是低单价，商品价格不能太高，否则促销就没有意义，冲动无法产生。所以，主播们选品大多都在20～100元，极少部分会有几百的，甚至上千的。

直播电商将主动消费模式转换成了被动消费模式，也就是消费者很多是因为直播间高性价比商品而产生的冲动消费，所以，这种商品的共性是低价、高频。淘宝直播2019年双十一各行业参与度排名数据也证实了这点判断，排名靠前的行业分别是：纺织服装、轻工制造、美妆个护、食品饮料、电子电器、医药保健、家居家装、宠物生活。不过，这些行业虽然适合直播，但也相对竞争激烈，所以，选择具体细分行业并提供差异化服务，可能是破局的关键点。

并不是所有的品类都适合做直播电商带货，这就要说直播的另外一种价值了，那就是直播的首要目的不是为了快速卖多少货，而是为了实现品牌的曝光，让直播成为一种营销推广，这和事件营销差不多，与广告投放差不多，真正的目的是提升品牌。

前几年有一些企业喜欢做一种直播，就是邀请一批KOL和普通消费者来参观自己的工厂，像长城、蒙牛都做过这种营销。他们通过直播参观工厂并不是要带货，而是让受众了解自己的工厂是先进的，自己制造的产品是安全的，从而提升品牌在消费者心中的形象，这就属于直播带品牌。

了解特斯拉的都知道，现在特斯拉不管是官方还是店面销售经常做直播，在这次疫情下，大年初三特斯拉就已经在线上开始了直播。特斯拉向来不喜欢促销，所以，如果你以为特斯拉是为了带货，那就大错特错了。特斯拉的30万元以上的单价，以及企业品类的购买特性，不可能用促销制造购买冲动，另外是特斯拉的全球价值战略，不管在哪买，都不会降价，那特斯拉在这种情况下做直播的目的是什么？简单来说，特斯拉直播是为了品牌推广，让那些不了解特斯拉的人通过观看直播了解特斯拉的各种功能、黑科技等。通过长期直播，埋下在消费者心中的品牌印象，促进消费者未来的购买行为。

如果从品牌推广（公关）和促销卖货的角度来看，影视植入、传统广告、网络广告、直播带货等所具有的作用成分是不一样的。（见表8-2）

表8-2　不同营销方式在品牌营销与促销卖货的作用成分

营销方式/作用	品牌（公关）营销	促销卖货
传统广告	60% ~ 90%	10% ~ 40%
影视植入	99%	1%
直播带货	10%	90%
线上品销合一广告	50%	50%
明星直播带货	70%	30%
头部主播直播带货	40%	60%

不同的人直播带货所具有的效应是不一样的，整体而言，直播带货是一个短期时间的促销行为，所有人都知道，促销不可长期搞，否则贻害无穷。与其说诸多的国产服装品牌死于新零售，倒不如说它们死于热衷于"双11"的促销，以至于线下店面一死一大片。一定的差别是，直播带货具有一定成分的品牌推广或事件营销作用，尤其是头部主播李佳琦、薇娅、罗永浩、辛巴等，而明星带货的能力差，但品牌营销作用显著，只是如果带货带不起来，那么事件营销也就没有什么后续价值。

◆ **低价效应降低品牌力**

直播带货建立了商品低价、高折扣的印象，几乎每一个看直播的人都会冲着低价而来。如果你的商品平时很少降价，参加直播后却给出了比较大的降价幅度，那它就向市场传递了一个信号：平时你的商品价格过高，直播间的价格才值这个价。

一旦直播的商品给消费者留下了低价的印象，再想让品牌力上升，是非常困难的。

罗永浩在4月1日直播带货中，小米10基本是原价销售，这个选择还是比较明智的，小米10刚推出不久，如果这次打折销售，那么消费者下次购买时永远会等到低于这个价格时再购买。

企业经营的目的一定是获取利润，如果降价的直播带货无法让商品获取利润，反而降低了品牌力，那么这种方式显然是得不偿失的。

京东的徐雷说，由于直播的供应链零售不是常态的供应链，所以直播不是零售，再加上低价为主要诉求，更多地是营销行为，如拉新、清库存、推新品等。

如果直播的未来永远是低价为诉求，那直播带货的价值将被大大低估了。品牌的价值在于创造溢价，而直播带货却在抵消品牌带来的溢价，那我们为什么还要这样欺骗自己呢？

低价诉求下，短期的销量数字会成为一种毒药，让品牌市场部每一个人上瘾，产生错觉，但无形中却在消耗品牌价值，但没人愿意去戳破这个真相，因为我们都不愿意为长期的结果负责。

从本质上讲，直播应该是一种更直接、更高效的用户沟通。所以直播的价值和品牌是一样的，为你的商品去创造溢价，而不是为了卖货而一再挤压溢价空间。

◆ 夸张、夸大带来翻车风险

直播是一个放大器，它能让商品迅速扩大曝光度，迅速实现大量销售，也能让商品的缺陷最大程度地暴露。不少主播在直播时免不了会夸张、夸大产品的功效，就拿化妆品来说，大部分播主在直播的时候是会开美颜滤镜的，在此基础上进行的所谓美颜美白效果，有几分真？

同时，不少播主在直播的时候任意乱用故事和数据，让消费者信以为真，等东西真到手了，发现与播主说的相去甚远，不免对品牌形成负面印象。

还有一些尚未建立完整供应链和产品体系的新品牌，在准备不充分的时候上直播，可能会带来发货慢、商品有残次等问题，影响商品在消费者心中的印象。

商品每一次与消费者接触就是一次机会，好的接触会让消费者成为粉丝，而不好的接触可能会让消费者对品牌一生黑。

中国消费者协会发布《直播电商购物消费者满意度在线调查报告》中显示，有37.3%的消费者在直播购物中遇到过消费问题，一些消费者认为"夸大其词""假货太多""鱼龙混杂""货不对板"等问题较为严重。

◆ 大部分直播不能带来品牌忠诚

直播能带来品牌忠诚度吗？我觉得很难。一个本来比较知名的品牌，即便不直播你也会经常买它的商品，一个不知名的品牌，很多人都是冲着便宜消费的，一旦它在直播后恢复了日常价，就不会再有吸引力。

薇娅、李佳琦一年要带几千种货，除了本来你就知道的品牌，现在你还能记住的并且还会购买的产品有几种？

另一个原因是，本身有强品牌意识的商品不需要靠一次直播来提升品牌，而缺乏品牌意识的商品即便直播短时间内获得大的曝光，后续也不大会做提升品牌的事，没有品牌就根本谈不上品牌忠诚。

直播带货带不来品牌忠诚度，带来的是主播忠诚度，大部分用户都知道在李佳琦、薇娅那买东西便宜，是他们的粉丝，但并不是他们所带商品的粉丝。这就像每年"双11"，最大的赢家不是任何一个商家而是淘宝平台自身。

◆ 无法解决持续性流量

安迪沃霍尔说，每个人都能当上15分钟的名人。在移动互联网时代，当15分钟的名人或许不难，难的是当更长时间的名人。

一个不知名品牌，上了网红的直播，就像当了15分钟的名人。在这15分钟内，品牌大幅曝光，销量大幅上涨，这就像一剂兴奋剂，让人迅速达到巅峰，但是药效过了呢？

如果你没有过硬的产品，没有对于品牌的打造去让消费者记住，那你就很难让销售持续下去，一次直播带货给你带来的结果就是"本以为是开始，没想到是巅峰"。

◆ 直播带品牌才是常规操作

直播带货并不适合所有品牌，但直播带品牌几乎适合所有品牌。在移动互联网+5G即将到来的今天，直播带品牌应该算是营销的一种常规操作。

比如海底捞的后厨直播计划，任何人在吃饭前都可以通过直播看到厨房的环境、食材以及制作，通过这种直播，海底捞在消费者心中建立的是安全、卫生、信任的品牌形象。

现今，如果你打开淘宝，进入一家比较有知名度的旗舰店，你会在右上角看到"掌柜在播"，点进去的确会看到掌柜主播正在直播商品（实际上是录播），但是价格并没有便宜。

这种方式不算直播带货，而属于直播带品牌，消费者通过直播了解产品、了解品牌，觉得合适后最终购买，这种方式在当下算是一种常规品牌营销，是每个品牌都应该做的。每个品牌每当有新品或有新活动的时候，都应该进行这样的直播。

这也代表了电商常规营销的改变，最早旗舰店只有图文，现在短视频已经是常规操作，逐渐地，越来越多品牌开始使用直播。

四 长期主义和具有独立人格的主播

马克思在《资本论》里说：商品价值从产品到货币，是一次惊险的跳跃。古往今来，产品到消费者之间，都是一次惊险的跳跃。

在罗永浩签约抖音平台之前，抖音缺乏直播带货的场景特性，同时也没有头部主播的示范作用。抖音的变现方式和快手比起来，显得匮乏，主要是依赖信息流广告、内容抖+和秀场的打赏分账。抖音以6000万元的价格签下罗永浩意味着，抖音在直播带货这个场景向快手和淘宝直播开战，其次是给抖音平台上无数的主播一种示范作用，那就是你们未来也有机会成为罗永浩这样的头部主播，此外，肩部以下主播具备了带货的场景力，多了一种变现的可能性。虽然，罗永浩具有不错的微博人气，但带货能力一般，平台的扶持让罗永浩以授权的形式在抖音平台加冕，成为抖音带货一哥。

抖音入局直播电商，意味着直播三国大战开始。也意味着以人格化品牌时代开始了一个新的纪元。而从商业形态角度来讲，人格化直播电商直播是对以搜索机制（产品和品牌搜索引导流量走向）的货架电商的一次围剿式变革，也是一种以人发挥更大价值进行推荐机制革命的效率升级。

简而言之，就是搜索引擎比门户网站更有效率，具有人格化魅力的主播推荐比搜索引擎更有效率，这种直播带货模式的效率跃升，本质上是把钱花给创作内容的人（主播和意见领袖），而不是花给透过中心化流量去做分发的人。所以，未来的5年，60%～80%的企业营销费用要花在具有人格化品牌的明星、主播、红人、达人身上。因为消费者最终想要的，不是货架、不是平台，而是能够产生内容，能够值得信任的人，这些人能够让商品和消费者之间的连接效率提高，让中间没有价值的环节全部淘汰掉。

各个平台头部红人主播阵营已经趋于稳定，这些头部主播面对任何的品牌主都有强力的议价权，他们将持续成为品牌主的销量"兴奋剂"。而且头部主播"全网最低价"的模式在当前电商生态下仍可持续。

　　首先，全网最低价的模式，能成立的基础有两个，一是供应链的去中间化、成本得以降低；二是直播间销量和品牌曝光度换回的收益，能够覆盖"全网最低价"下成本付出。直播电商是一种去中间商的模式，并且可以实现从一级仓储直达消费者，相比传统线下零售，在流通成本、仓储成本、渠道效率和价格方面都具备优势。

　　其次，当前互联网电商生态下，直播电商的销售能力毋庸置疑是最高的。但主要的矛盾是，商家需要支付主播佣金和坑位费，又导致了成本的上涨，所以可能导致直播收益无法覆盖"全网最低价"下的边际成本。其实，从博弈论的角度来考虑，商家和主播并不是相互对立的双方，而是相互合作从消费者身上赚取收益的一方，所以，他们的点实际在合理分配利益。而另一方面，粉丝是主播对商家有议价能力的保障，一旦主播薅羊毛过重，辛苦建立的低价优势和粉丝信用可能会很快垮塌，所以，这个角度讲主播和粉丝也并非对立双方，必然要保障粉丝利益。所以，主播既是商家的导购又是消费者的买手，在出现更高效电商模式前"全网最低价"的模式还是可以持续的。

　　另外，很重要的点是全网最低价的直播模式，对于商家清库存、推广新品十分高效，并且商品销量的提升，又能在淘宝等电商平台获取流量补贴。

　　头部主播带货的模式已经被验证，但已经让企业感受到被掣肘的难受之处。直播带货模式将会在品牌公司层面深度细分，长期看来，品牌将倾向培育自己的带货主播，甚至老板本人的第二职业就是带货主播。而且企业老板本来就是最好的人格化品牌打造的人选，因为并不是所有的主播都能自由决定是否起用独立的人格，尤其是隶属于企业的主播。但从长期主义来看，企业培养自己的或者和企业产品深度绑定的人格化品牌是一种必然选择。（见表8-3）

表8-3 企业家直播带货销售金额数据

企业家	首场直播销售额	直播次数	直播平台
国美零售总裁王俊洲	5.286亿元	1	抖音
锤子科技创始人罗永浩	1.1亿元	1	抖音
去哪儿网CEO陈刚	1600万元	1	快手
中通快递董事长赖海松	1500万元	1	淘宝/抖音
携程创始人梁建章	1.0253亿元	11	抖音/快手/微信小程序
匹克集团CEO许志华	500万元	2	抖音
林清轩创始人孙来春	40万元	1	淘宝直播
百联集团总裁徐子瑛	40万元	1	微信小程序
格力集团董事长董明珠	23.2575万元	4	抖音
梦洁家纺集团CEO李菁	12万元	1	淘宝直播
搜狐集团董事局主席张朝阳	暂未公布	1	搜狐视频
网易CEO丁磊	7200万元	1	快手

注：数据来源于媒体公开报道整理。

企业培养的主播并不会像企业老板一样带来很大的销售金额，但规模化的操作会形成矩阵效应。而诸多的大型企业都在培养自己的主播团队，像双汇集团、好想你枣业、奥康集团等都有可观数量的企业主播。

◆ **直播风口下的长期主义者**

2020年的淘宝直播盛典上，官方数据显示：当年淘宝直播积累了4亿用户，至今已有100万以上的主播成为淘宝直播生态合作伙伴，其中177位主播年度GMV（成交总额）破亿元，4000万件商品进入直播间，商家同比增长268%。2019全年淘宝直播GMV突破2000亿元，"双11"当天直播GMV突破200亿元。

直播带货是时下互联网的最大风口，这毫无疑问。

20年前，电子商务刚有苗头，比尔·盖茨说："要么电子商务，要么无商可务。"当时国内有数不清的电商网站：包括雷军的卓越网，8848网站，还有腾讯的易趣，最后都销声匿迹。抓到风口最后留下来的也就是阿里巴巴和后来的京东。

曾任阿里巴巴B2B业务总裁的卫哲，一次检查工作时发现，有一个"铁军"卖了20万元的B2B国际电商服务给一家中国本土的房地产公司。阿里巴巴直接把这名销售人员开除了，然后把20万元退给了客户。因为破坏了阿里巴巴坚持自己的长期主义信念,只有客户成功，自己才能成功。否则，这个钱跟骗来的差不多。

什么叫长期主义？亚马逊创立之初就明确告诉公众"不赚短期的钱""今天投入的每一分钱，都是瞄准20年以后的世界"。

当下的主播经济气势很好，直播带货大大缩短了产品到用户之间的距离。以前，一个产品到用户可能透过电视或者平面媒体、透过各种内容输出（广告植入），之后还得到店里买，或是天猫店、拼多多，或是线下零售超市。主播或意见领袖将这个过程大大简化，或者联为一体了，从看到的、讲到的、演示到的到喜欢的、下单的，OK，一气呵成，这种以人为中心的商业模式改变中国消费市场版图是早晚的事。

长期主义者，不会只关注点状努力的计时收益，而是在不同时空维度上建立共同的坚实基石。具有人格化品牌的IP或主播是消费品牌与消费者之间的最高效连接者。但是要高效实现这个连接，并不容易。这是一条长长的、厚厚的、湿湿的雪道，一定会有一个推动雪球、滚大雪球的艰难过程。这个打底时期需要很长时间，就像华为的企业文化中"以奋斗者为本，以用户为中心"苦苦打底了超过30年，才有今日成就。

当前各种各样的直播带货战报，各种数据比拼，甚至为了宣传刷单造势从目前看来这都是小趋势，这都是短期主义者的短视行为。向未来去看，企业培养主播是必然选择，企业主播也会成为直播电商的主力，但是网红主播也将与这些企业主播协同共处或同台共舞。

不可忽视的问题是，强带货效应的主播在淘宝直播、快手、抖音平台上，数量都是有限的，并且带货领域也受限于低价高复购率的行业，所以，几乎不可能支撑起品类的直播业务，和未来直播电商万亿级的市场规模。所以，商家入场是直播电商发展的必然趋势，日常店播也会普及，成为中型商家的标配。从拼多多的直播数据可以看出苗头。淘宝直播和苏宁也已经调转方向：2月中旬开始，淘宝直播面向商家展开多次培训，并给出系列扶持政策，意图很明显，吸引数百万商家入场，做大做强直播盘子，苏宁也推出了云播平台，推动电商及店铺日常直播。不过，达人直播和店铺自播应该是长期共处，协同前进的。就像在互联网所有人都在讲效果、讲CPS的时候，央视、分众这样的品牌曝光类媒体依然活得很好。这就说明品牌需要一直都在，而且很强，达人主播积聚流量就是有品牌效应，也就会长期存在。

不过，仍然会有一个难题需要注意，那就是隶属于企业的这些主播，如何保持独立的人格，独立的人格是人格化品牌构建的基础，也是人们对有趣的灵魂尊重和爱护的前提，如果企业没有平衡好这一点，那么企业打造人格化品牌的想法也就失去了底层根基。

五　私域电商如何破解交易的最后一公里

私域电商为什么能破解交易的最后一公里，首先要搞明白企业为什么要直播。

首先我们看，不同平台直播电商销售的消费者成交的核心因素并不相同。淘宝直播是中心化的内容电商平台，流量分配其实掌握在平台手中。而快手和微信直播基于底层的内容或社交平台属性，直播流量也主要依靠圈定的私域流量。所以，这也造成淘宝直播间就是卖货的，需要以"全网最低价"持续吸引并留住用户，而相比主播信任，多数用户更看重商品性价比。快手和微信直播则不同，主播更重视与粉丝间的情感连接和信任背书，并以此转化为付费用户，所以，主播信任的作用相对更大一些。最后，抖音是一种介于两种模式之间的形式。所以，正是因为如此，抖音的场景属性并不明确，粉丝和直播间的流量关系并不大，直播间的流量和实际的成交关系也不大。

企业为什么要搞直播？关于这个问题，我访谈了不下50位企业老板，大到全国数一数二的龙头企业，小到只有两个人的夫妻店。得到的答案基本上没有相同的。我得出了一个结论，几乎99%的企业负责人都没有明白自己的公司为什么要做直播，直播能给自己带来什么，是带来直接的现金流还是带来品牌的溢价，还是能给自己焦虑的心打一针舒缓剂，一样都没有，但是老板们都是依然义无反顾地掺和到了直播中。

一些涉足了电商的公司，老板的内心其实很明确，电商店铺的运营状况，放也不是，收也不是，大多老板投钱不忍心，不投钱员工没收入，但是又看到了电商不做，其他渠道更没有未来可言。直播电商出来，就试水，前几次还有效果，但是后续效果越来越差，关于此就不过多言说。

◆ 最后一公里的问题在哪里？

这里所说的最后一公里的问题其实就是实体店面和传统货架电商所面临的问题。

传统实体店面因为地面阻力问题，覆盖的范围非常有限，一般的社区店面超过500米基本上就覆盖不到，不同的品类所能覆盖的距离是有限的。随着美团业务的不断发展，美团慢慢把更多的地面阻力给消灭了，与地面阻力同时消灭的还有社交压力、交易的可视化对比、售后等，这些都是最后一公里的问题，如果是面对面交易，所有的问题都容易解决，而线上交易就会面临诸多的问题。

淘宝用心经营了这么多年，一直都在致力于解决各种机制问题，现在整个生态已经非常成熟了，但是所有的交易依然面临了一个问题，那就是信任如何建立的问题。传统实体店面生意也面临着信任的问题，这是真正的最后一公里问题。

货架电商、实体店面生意，包括美团上数千万的小店家，哪一个都面临着最后一公里的问题。那就是如何通过一个更简单的入口，让用户可以不费功夫就进店，信任，甚至可以不费口舌就达成交易。

传统的货架电商通过丰富的详情页可以展示非常多的图文信息，但图文信息的不可信赖度越来越高，而店铺的刷单问题让阿里辛辛苦苦建立起的评价系统也逐渐失效，刷单成了普遍的问题，加上商品同质化严重，可选择性让你不知道用什么标准来评价商品和品牌。问题就来了，看着淘宝和美团解决了商品和服务的最后一公里问题，但最难解决的最后一公里问题又出来了，那就是心理上的最后一公里问题。当用户已经明确了自己的需求，知道自己要选择一款产品之后，面对诸多的选择，不知道到哪一家实体店面购买或哪一个线上店铺购买的问题？而这个最后一公里，远远要比明确了在哪家店铺买，直接去商场选择交钱难。可以说，这就是临门一脚的问题。但这临门一脚的问题在于，不是商家怎么发力就能解决的，临门一脚必须用户主动出击，商家要做的就让用户主动出击。

前文我们讨论了，明星带货遇到的问题，除了头部主播外低价直播电商不可持续，以及企业长期主义战略的企业红人直播。这里要说的就是，直播电商解决最大的问题就是场的问题，将店面搬到了直播平台上，用户随时都可以更直观地查看店面的情况，直播间的情况，尤其是在淘宝、苏宁试水店播之后，店播将成为越来越多中小企业的常规配置。笔者断定，美团直播很快也会推出，而且美团直播将很大程度上改变传统店面生意的底层逻辑，那就是信任的重构问题。

直播解决了场的问题，能够最大限度地消除信息差，而且能够提供规模化的变现，这对于大中小企业来说都是不可错过的巨大变革。但是，场的问题不是核心，因为所有的场基本上都一样，场设置在哪里都没有区别，场只有人和货的加持才能产生价值。

有了场，其次要说的是品牌。造场容易，谁都可以造场，我们前文提到，谁都可以建私域流量池，但是私域流量池本质上是场域，场域的核心是运营，运营的核心是品牌和人格化信任。最终的指向是变现，变现依赖于人格化品牌和商品本身。而商品需要具有信任状，需要公信力，需要社会监督，需要有犯错后对自我进行惩罚的机制保障，也只有这样才能让用户选择时降低选择时间，降低构成成本，提升产品势能和提供溢价。

人格化品牌的作用是临门一脚。所以，我们说足球上进球是11个球员共同努力的结果，不是说前锋想往哪踢就能踢进去的问题。但是作为具有人格化品牌的前锋能够踢进去球，也是他人格魅力的所在。也只有人格化品牌才能打造个人IP，才能解决基础流量的问题，才能带动粉丝的二次传播，才能培养KOC（消费者意见领袖），才能跟粉丝之间有更清晰的熟悉感，提供近身信任，提供沟通的切入口。可以说，最后一公里的问题就是心理距离的问题和催熟的问题。

所以说，私域流量解决不了最后一公里的问题，而且也不具有规模转化的优势。尽管以微信私人号的流量池，可以慢慢培养人设，但是是没有办法打造人格化品牌的，因为一个那么小的场域，没有公域流量的加持，人设基本上就是个伪命题。

99%的老板都没有搞明白为什么要搞直播就已经入局，而通过直播带货挣到钱的老板更是寥寥无几，顶多也是清清库存，上一个新品打榜。即便是这样，直播电商已经到了不得不进化的地步了，而进化的方向很多，也可能会有很多分支，但是以人格化品牌+品牌域为核心的直播电商已经走在路上，这就是我们所说的私域电商。

在私域电商的三个元素里，人格化品牌是唯一不可或缺的元素，也是其他两个元素发挥倍增效应的系数。为什么说抖音平台主播的变现能力太差，就是因为人设的问题。人格最终的指向不是人格化品牌，没有人格化品牌的背书，变现就无从谈起，即便粉丝再多，即便品牌力足够强，也没有办法施展出那临门一脚。

未来的商业形态走向是私域电商，也是人格化品牌下的衍生业务。企业红人直播，无论是企业自己培养的网红还是企业老板，都面临着一个问题，那就是人格化品牌必须要跟商品或服务有一个深度的绑定，明星带货失败并不是明星没有带货能力，张庭的例子就是最好的说明，一个已经退出舞台多年的明星都能汇聚数万个微商，然后共同发力，这本身就是私域电商很好的说明，通过人格化品牌的构建，通过线下的组织发力，通过线上直播规模化成交，这为诸多的企业老板都打了一个板。

其次，便是明星企业家董明珠，如果说张庭给诸多的网络红人打板，那董明珠便是为诸多的企业老板打了一个模板。

董明珠的直播带货，和李佳琦、薇娅的直播带货，背后的逻辑是不一样的。董明珠的直播带货，是由经销商在线下获得流量，然后由董明珠在线上直播间完成转化。大量的经销商会在线下用各种各样的方法聚集流量。比如，去周边小区摆个摊，你加我的微信，我就给你个桃子。以地推的方式把周围住户的微信都收集起来。等到董明珠做直播的时候，给这些用户发一个专属的二维码，用户就可以扫二维码进入董明珠的直播间。系统可以通过二维码来识别你是哪个经销商所带来的流量。这一步非常关键，这样一旦用户产生购买，格力就能给相应的经销商分钱。所以，董明珠的直播带货，本质上是直播分销的逻辑。经销商的价值是引流，而直播间的价值是转化。转化成功之后，给经销商分钱。

董明珠带货，经销商做了很多，目的就是为了补充线下流量到线上，因为董明珠本身具有的势能，即便线下的路人粉，董明珠也可以凭借个人魅力最大限度地成交，所以才有了从4月24日到6月1日，董明珠一共做了四场直播，销售额分别是：22.5万元、3.1亿元、7亿元、65.4亿元的成绩。

　　私域电商，依赖的就是人格化品牌中的人的作用，这也是把人、货、场中人的价值通过直播电商这个媒介平台无限放大的过程，是消除消费者信任的最好的办法，同时也是进行二次社交传播的最好办法。

策略操作篇

基于淘系平台的私域电商

基于微信平台的私域电商变现——微信私人号

基于直播电商平台的私域电商构建

直播带货的策略和操作技巧

B2B类产品私域流量池搭建的建议

| 第九章 |
基于淘系平台的私域电商

私域流量的基本逻辑是从流量运营到用户运营的转变。任何生意都是一样，流量可以用最廉价的资本购买的时候，流量的付费成本只会越来越高，任何生意模式单靠流量运营必然行不通了。所有的生意人都想建立自己的私域流量池，就像自己的鱼池一样，在这个池子里用户和我们是粉丝、会员，甚至好友的强关系，并且不用付费，可以随时直接触达，成单量源源不断。

私域流量怎么来？淘宝、抖音、小红书、知乎、百度……没错，这些平台，动不动就是亿万级的用户量，都是往鱼塘挖渠取水养鱼的好平台，都可以成为私域流量的采集地。具体到每个生意人这里，淘系平台和腾讯系平台都绕不过去，所有人也知道淘系平台和腾讯系之间有一套谁也无法逾越的墙，人们有100种办法把淘系流量累积到微信私域流量池的办法，淘系平台也有101种办法阻止你将淘系平台流量注入腾讯系里。2012—2014年，私域流量这一概念还没出来的时候，不少的商家就利用旺旺聊天工具引导店铺到访客户添加店铺客服的微信，趋势稍露头，淘小二就把任何关于微信的词汇设置成了违禁词，如果被淘小二发现商家就会受到处罚。这还是挡不住人们把淘系流量往外引，尤其是引导微信平台，阿里虽然管制严厉，但线上的手段可以管理，商家与用户线下的触点难以管控，私域流量得以爆发。淘系平台也开始发力建立淘系平台的私域流量载体。所以，我们这里讲淘系流量的私域电商，要讲两个部分，第一，淘系内私域流量的载体有哪些？如何获取淘系内的私域流量，淘系内的私域流量如何运营？第二，如何利用淘系流量打造IP或微信私域流量，即淘系流量不利用淘系平台如何发挥价值。

❶ 淘系内私域流量载体

淘系内有什么载体成为品牌私域流量池呢？有5个：微淘、品牌号、会员通、淘宝直播号、店铺群。

◆ 微淘

简单理解就是淘系里的微博或朋友圈动态，每个淘宝电商铺都有一个微淘账号，可以发微博，发店铺的动态。

店铺动态包括的内容非常多，几乎囊括了所有的内容类型和内容表达方式，包括新上线的产品、店铺的促销信息、店铺活动、直播预告、买家秀、视频内容、购物福利券，等等。（见图9-1）

图9-1 微淘

◆ 品牌号

品牌号不同于微淘，可以理解成淘系里的微信公众号，开通也不是每个店铺都有，需要开通天猫旗舰店才可以，一般来说只有品牌运营方才会开通品牌号。

可以把品牌号理解成淘系里的公众号，但这个相对于微淘开通来讲更严格，需要有天猫旗舰店，一般适用于上升到品牌层级的商家。品牌号有一个好处，在品牌号内的内容可以主动推送，以打扰进入的方式显示在淘宝底部的菜单栏中，这就相当于微信公众号没有折叠时候的呈现方式，相对微淘来说，品牌号似乎更适合做私域流量的载体。当品牌号达到足够高的用户体量时，可以像微信公众号后台一样，给用户贴上标签，进行用户分类，精细化运营。（见图9-2）

图9-2　品牌号

◆ 会员通

顾名思义，就是淘系里的会员体系。我们说私域电商很大程度上是流量思维向用户运营思维转变的产物，同时私域流量电商相比普通的用户运营更进一步，它是一种更加落地的用户、会员运营建设体系。相比于微淘、品牌号单纯的关注店铺的粉丝关系，店铺会员通里能累积到的都是留下淘宝ID、手机号的用户，这样的好处就是你可以利用淘系内各种会员营销手段触达这些人群，最终的是会员可以进行积分、身份、等级打造，在品牌促销的时候还可以通过手机号推送会员权益，相对于普通的推销毫无归属感，这种推送让会员对打扰式的信息反感度较低。（见图9-3）

图9-3　会员通

◆ **淘宝直播号**

2019年是直播带货元年，淘宝直播开通3年的时间里，尽管淘宝直播的流量没有抖音、快手来得那么猛烈，但是淘宝直播的带货能力和用户黏性非常高。根据淘宝官方数据，淘宝2018年的直播带货已经超过1000亿元，而且淘宝直播业务呈现出极强的爆发性，带货同比增速超过400%。淘宝直播的内容也越来越丰富，淘宝用户每天可观看的内容超过15万小时，可通过淘宝购买的产品超过60万款，每个月带货数量超过100万的直播间超过400个。淘宝直播的用户黏性很高，核心用户在淘宝直播上停留的时间超过1个小时，而且还在持续提高。就像马云说的，每天晚上有1700万人在淘宝上逛，但是他们不买东西，这很大一部分要归功于淘宝直播。

淘宝直播可以挂在店铺下边，也可以是专门粉丝账号，类似一档节目，然后给不同的店铺来带货，然后分取佣金。淘宝直播的门槛不高，开通也相对简单，相对于抖音、快手的带货，淘宝有着天然的路径优势和平台优势。（见图9-4）

图9-4　淘宝直播号

◆ **店铺群**

店铺群相当于微信中的微信群，淘宝的店铺群内的成员都是购买过店铺产品的用户。每当用户购买支付完成某个产品后系统都会推荐该用户加入该店铺群。店铺群在消息栏内，但是消息一般会被折叠，虽然群成员满满，但是群内除了系统的信息或店铺客服的信息外，没有用户在群内互动。店铺群从某种程度来说，完全是为了对抗社群电商的一个鸡肋产品，也脱离了群存在的逻辑，群内成员无连接的可能性。（见图9-5）

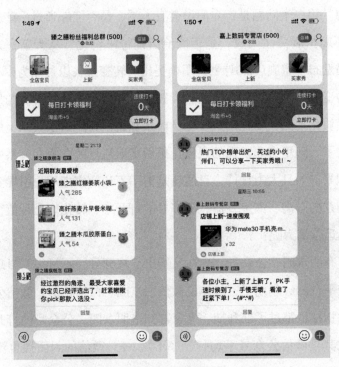

图9-5 店铺群

简单介绍完这5个淘系内的私域流量载体，我们来分析这些载体是否适合做私域流量的流量载体。

先抛开会员通，毕竟不是所有的店铺都有旗舰店资格，而且技术门槛相对较高，而且会员通可以通过手机号触达用户，但明显这种传统的会员制体系已经不适合私域流量的进化。其次是店铺群，虽然说微信群逐渐没落，以社群拼团为主的社交电商也开始走下坡路，但是微信毕竟是强关系社交媒体，社群存在的各种属性五花八门，而店铺群基本就是个鸡肋，想要运营成功也太难了，即便是作为淘系内私域流量的辅助载体也价值不大。所以，会员通和店铺群我们姑且不谈。

微淘、淘宝直播和品牌号是否适合做私域流量的载体？这要看有多少人会查看从这里推送的信息，因为这种形式毕竟是单方推送，就像微信的朋友圈和公众号，如果都没有人打开，用这两个载体做私域流量岂不成了一厢情愿。第二个问题是：先假设会有人看，是否能够通过一些办法给这些账号不断扩展关注人数，是否能给店铺带来转化？从天猫官方角度来看，天猫发布了旗舰店2.0计划，明确提出要转变过去以货品为中心的运营模式，转变为以用户为中心，而且天猫陆续开发了一些品牌方与用户之间互动的模块化工具，要把用户往会员体系和店铺粉丝这层关系上引导。那么问题来了，阿里有非常强的意愿让想做私域流量的商家在淘系平台内进行流量积累，而且大力扶持，目的就是为了不让商家把用户引导到微信养鱼。那淘系的微淘、淘宝直播、品牌号的打开率、转化率是否值得商家在上面投入运营精力呢？

微信有朋友圈、公众号，现在又推出了视频号，不过很明显现在已经不是微信平台的红利期了，具体说微信朋友圈、微信社群、微信公众号，这三个小物种也都过了红利期，大家都知道朋友圈、公众号的打开率明显下降，尤其是微信公众号平均打开率不足2%。微信的封闭性也没办法将直播这个还在红利窗口期的物种盘活。而从数据来看，淘系产品极强的天然交易属性，反而消除了人们的信任疑惑心理。从作者了解到的数据看，具有专业运营能力和内容输出能力的旗舰店的品牌号推送的内容打开率为3%~5%，逢节日大促时，类似于"双11""双12"期间打开率可提高到10%，微淘账号发布的内容引导用户进入店铺的概率达到20%。从这组数据可以看出，相对比微信的公众号、朋友圈来说，微淘、品牌这样的淘系账号，有人看，可以将真正的精准关注者引导进店。再说淘宝直播，毋庸置疑它的功效，无论是从表现形式、转化路径，还是淘宝官方的扶持力度都远远强于微信的表现。迄今为止，腾讯也没有在微信平台内用战略高度去布局直播这个物种，只有一些零敲碎打的第三方直播插件可供选择，这一点不再赘述。

这里我就要为淘系私域流量载体正名了。几乎所有关于私域流量的文章、书籍都持一个观点,那就是淘系内不适合私域流量的积累和构建,都倡导把流量引到微信私人号里,最不济也是引导微信群、公众号、小程序里。这显然是一种误导,对于大多数的店铺、商家、个人IP、品牌主来说,都没有必要甚至完全没有精力用微信个人号去运营私域流量。淘系私域流量的优先级不应该完全被微信压制,丝毫不被提倡,在我看来,淘系私域流量载体应该和微信平台放在同等重要的位置,都是T1选择,根据流量的路径来源,优选其一。

二 如何获取淘系内私域流量

首先普及一个常识,不管是微淘、品牌号粉丝、天猫旗舰店粉丝还是淘宝直播号粉丝,粉丝的ID都是一样的,也就是说用户只要关注了旗舰店,就默认成了你的微淘、品牌号、淘宝直播号粉丝,不管你在微淘上的动态,还是品牌号推送的文章,还是直播提醒都可以直接触达这些粉丝。而事实上,微淘从2017年以来,其定位就是私域流量的载体,只是在当时私域流量的概念没有炒起来,更没有人去关注私域流量红利这么一说。从战略角度来说,淘系内产品,微淘和直播是当前战略的首要之地,2017年开始微淘已经在不断增加优质内容的曝光和生命周期,店铺的优质微淘内容淘系平台会让其曝光在更多的地方,给更多的用户,从而帮助店铺增加粉丝。我们可以直接理解成淘系内私域流量等于全部的粉丝,是终极工具。那么如何获取、运营淘系内的私域流量呢?

微信平台内私域流量也分短线和长线操作两种,所有人都想进行长线的操作,因为这是一种最健康最良性的发展路径,但事实上我知道的私域流量案例基本上这条路都被走死了。淘系私域流量要比微信更加良性一些,关键就在于淘系天然的交易属性。淘系私域流量的长线操作靠的是品牌在微淘、淘宝直播号、店铺粉丝、品牌号等载体上持续的输出内容,长年累月的积累；短线靠的则是大预算的市场营销活动，把淘宝平台、微信、抖音、快手平台内的公域流量转化为自己的粉丝、会员，变成私域流量，长线内容获取私域流量相对较慢，需要慢慢运营。

淘系私域流量的运营主要为微淘、种草和淘宝直播，我们也从这三方方面阐述。

◆ 微淘

微淘的运营不以短期成交为目的，更加注重品牌宣传和粉丝运营，微淘是一个持续触达通道，能够最大限度挖掘用户有效价值，提升用户与店铺的黏性和回访频率。微淘的运营目的之一便是通过优质内容使得淘系官方对店铺标记为优质店铺，优质店铺的内容能够推荐到非店铺粉丝的界面，能够获得微淘热榜优先展现，包括微淘故事等各种内容。那如何通过微淘内容挖掘粉丝价值呢？

微淘的基础内容运营工具包括：九宫格、视频（直播预告）、长文章。而图文、短视频、直播也是未来三种最主流产品售卖展现形式，朋友圈广告、公众号文章等基本已经退出历史的舞台。（见图9-6）

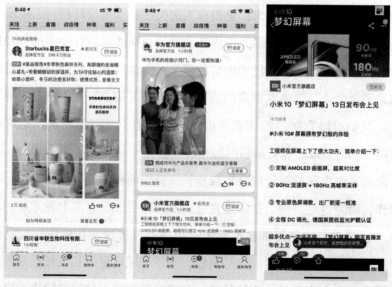

图9-6　微淘

◆ 微淘运营

而微淘内容按属性划分一般可以分为四种，即商品型、互动型、导购型和资讯型内容，不同的内容有不同的功能。

商品型内容：不单单只是一些文章、图文，商品有着非常重要的电商内容的元素。比如这个商品的使用价值、实用功能，以及它的外包设计是否具有美感，平台对这些元素进行一定的处理或者是包装，赋予这些元素特殊的含义和价值，对于这样子的内容称为商品型内容。（见图9-7）

图9-7 微淘的商品型内容

在微淘上内容是非常突出的，自动上新或者手动上新的都是属于一般性的商品内容；带着强烈的主题性或者话题性，能够引起用户的共鸣，值得去推敲或者说研究的这些商品型的内容，会把它叫作主题性的内容。

导购型内容：在消费的过程中，能够起到一些解决消费者消费痛点的作用，除了刺激新消费需求以外，在整个内容的元素里，一个商品的推荐理由是非常重要的。（见图9-8）

165

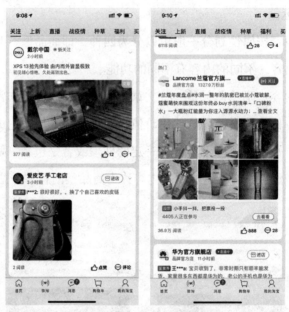

图9-8　微淘的导购型内容

目前对于平台导购型的内容分类有两种：话题型的导购内容、热点型

图9-9　话题型导购内容与热点型导购内容

的导购内容。话题型的导购内容，又可以理解为场景型的导购内容，基于用户的兴趣点，能够引起用户共鸣的；还有一种是热点型的内容，时效性非常强，基本上基于一个节日，或者说最近一些网红爆款的商品，以这样的话题去组织内容。（见图9-9）

互动型内容：互动类内容以话题、活动形式为主引导用户评论、点赞、讨论，包括但限于盖楼、集赞功能互动话题或互动游戏等内容。

资讯型内容：抖音、快手基本上微博、微信内容的另类形式展现，在内容创新和原创上没有任何可借鉴之处。在资讯大爆炸的时代，娱乐有时候能占据人们大量的时间资源，但真正有价值的资讯基本上没有。在淘系平台上，大家经常看到娱乐圈的八卦，还有情感类的、鸡汤类的内容，这些内容显然不适合在微淘环境发。下边是微淘优质内容的8个标准：

1. 图文交错，切忌单一类型；
2. 标题不要太短，标题长度要长；
3. 图片数不要太单一，图片布局前后协调一致；
4. 正文字数要精，不能为了长文章而长文章，注意篇幅，不要冗长；
5. 图片质量要好，不要劣质图片；
6. 商品推荐一定要有明确理由，不要堆砌商品；
7. 排版格式要整齐，不要乱；
8. 内容主题与商品相吻合，不要风马牛不相及。

◆ 微淘种草营销

微淘种草是淘系平台推出的内容营销社区，方向主要是人格化，即以本人视角出发去创作分享。通过本人生活消费的亲身使用或体验经验出发，发表带有个人特点的中立的观点和使用经验知识的内容。内容营销可以提升用户在淘系平台的活跃和停留时间，用户可以获取一些商品资讯、喜爱偏好，这样平台可以积累用户的消费大数据，以便于首页推荐个性化定制和推荐用户潜在可能购买的商品。平台可以做个性化专业性内容，重点推荐一些作为精选内容，承担推销员角色，并直接嵌入购买链接从而进行导流。为平台商户提供一个相对自由可以营销宣传内容的渠道，点击进去的都是潜在购买者，转化效果更明显。

从微淘最新的内容类型来看，微淘已经覆盖了多场景运营需求，尤其是种草社区。优秀的微淘种草内容有三个基本的元素：真实的人设（清晰精准的人设定位）、精彩的内容和明确适用的场景。

新版的微淘由粉丝亲密度模块、粉丝权益模块、粉丝活动模块、分内容类型的信息流几部分组成。卖家可为用户分层并且设置相关的活动及权益。

例如，现在越来越多品牌已开通粉丝"亲密度"，粉丝和店铺的"亲密度"会以"温度"的形式体现在页面上，通过浏览、收藏、购买、分享商品等与品牌之间的互动，就能提升亲密度，解锁更多的亲密粉丝专享权益。

微淘每月都会有精彩纷呈的活动，要么是主题型的上新，要么是明星KOL（意见领袖）种草。根据淘宝官方的数据显示，上新和种草内容的点击率均超过了平均点击的30%。事实上，看上新依旧是大部分买家关注店铺后最明确的诉求；而种草也被验证具有极好的内容效率，可以看出种草也是微淘这个信息流中效果最显著的一项。

微淘还将创新一种内容类型叫"粉丝活动"。卖家针对粉丝，提供高价值的福利型内容，如粉丝抽奖、新品预约等。

强化粉丝接触：作为微淘内唯一基于粉丝关系的内容营销阵地，究竟能否有效触达粉丝，是卖家非常关心的问题。微淘升级为全新的私域运营阵地，提升非粉转粉、老粉留存率，打通微淘内外分发流转链路。

提升粉丝价值：这部分是针对许多卖家在站外引流之后的一个动作，让他们可以更好地承接站外引入买家的能力。商家可以自由地去设置，比如关注有礼等。

另外，单品牌创新IP也在逐渐成形，如微淘新品日，品牌粉丝日等，这些都可以让品牌卖家在微淘获得一套商业化营销解决方案。同时，淘内大型营销活动也能在微淘拥有好的结合，助力集中性的成交爆发。

◆ **种草内容的特点**

种草内容标题要通过明确人格化内容的特征，提炼优质人格化标题创作表述的界线，并列举不同垂直类标题案例，让内容标题更有着力点。无论是哪一类的种草内容，标题都不能是宝贝标题或是宝贝标题变换写法，必须明确主题、描述真实，以第一人称、口语化、有场景感去创作，这样才能吸引用户点击，得到系统的认可抓取推荐。

微淘种草内容图片创作：种草内容要以图片呈现为重点的轻内容，通过更真实的图片选取有侧重的图片内容分配，更好地传达意图。图片内容分配可以从整体、局部、体验等几种不同形式穿插组合，这样会让内容图片感知上更加丰富饱满。

以产品体验为例：先展示产品全貌，再进行产品体验，最后展示产品局部，让用户更全面地了解产品全貌及体验过程。

种草内容的创作，最重要的有两点：图片必须是真实体验的实拍图，九幅图为佳，质量清晰；文字必须是真实感受，以朋友介绍的口吻表述消费者对商品最关心的点。

三 淘宝直播

几乎所有的店铺、个人IP、品牌商都有一个梦想，在移动互联网时代，希望有一天可以快速地流量爆棚，不少问这个问题的人都得到一个答案——几乎没有。没有长时间的内容积累一直期望着有一天爆发着实困难，经常写内容的人都知道，谁都不可能天天出爆文，100篇里边有2～3篇爆款是正常水平。当然，这是微信语音时代、图文时代的经常的评效方法。在未来图文会一直存在，但短视频和直播将制霸天下。可以说，图文内容就是普通的步兵路径，可以攻城可以守天下，没有这些也还真不行。短视频是特种兵狙击手，单条爆发所向披靡，适合的时候就成了红人。直播属于轰炸机，直播也需一段时间积累，但是一旦起飞就是降维攻击，跟图文、短视频完全不在一个维度。所以说，直播制霸天下，没有直播甭想着在未来的市场上占据核心位置，这也是几乎所有的大企业都开启直播的原因。

传统销售方式还是直播销售方式，来到淘宝就是为了提高流量，提高转化率。怎么落实精细化运营提高直播间流量？这就需要掌握直播间的运营策略，包括活动预热、直播间互动、直播间福利、营销玩法和吸粉玩法。

◆ 淘宝直播的运营策略

有的直播间和主播越聊越嗨，笑料不断，有的却是时不时地冷场，看得人哭笑不得，尴尬癌都犯了。如何才能避免冷场，顺利直播呢？在这里就给大家介绍一些预热期和活动期的直播间运营技巧。

首先，预热期的直播间内容安排。

一般在提前几天的直播中就必须进行剧透，告知粉丝接下来的直播要销售什么产品，以及有什么活动和优惠。除此之外我们一般还要利用微博、微淘、粉丝群滚动提醒粉丝，可以采取每日提醒一遍的方式。还可以在微博、微淘、粉丝群内做直播品牌、品类调研，提高粉丝的参与度，还可以在开播前15分钟，在微信、淘宝粉丝群通知好友和粉丝前去围观等；如果是店铺号，直播前可以打一些直播主要商品，直播活动的一些配套优惠的海报展示，等等。

在直播前预热要准备好"客服话术"、店铺 banner广告、预告视频发布，以与粉丝娱乐互动为主。可以设计一些营销类型的活动，带动直播间氛围，同时还可以加入一些活动商品剧透，让粉丝有所期待。

其次，在直播间开播后的活动期间，直播间的互动一般采取答题送礼、点赞抽奖（或领券）、幸运转盘和限量抢购等方式，以活跃直播间氛围为主。

比如在直播时会时不时地向粉丝提问一些选择性的互动问题，哪个观众抢先打出答案，则可以留下地址寄礼物。赠送小礼品的方式很多，例如采用与发放优惠券相似的方案、将优惠券替换成小礼品，等等，礼品可以使用赞助商提供的太阳镜、帽子、手套、袜子、面膜、口红、服饰，等等。

在直播时会隔一段时间就利用幸运转盘煽动观众点赞抽奖，这也是初期调动粉丝互动积极性的好方法；还有的直播间，采用限量抢购的方式，这种饥饿营销手段也是激励粉丝积极下单的有效方法。

再次，在进入活动期的福利阶段，直播间可在屏幕展现的区域内适当地加入"福利攻略"，或者在挂产品链接时加入"福袋活动""钻粉福利"，在店铺首页加入"全天分时活动"的福利宣传等，提升粉丝的互动积极性和消费黏性。在直播时适当地展现粉丝福利计划，不同身份的粉丝给予不同梯度价位的优惠，刺激粉丝积极消费，努力晋升成为该直播间的铁粉、钻粉；直播期间偶尔也会适当地放入"粉丝福袋"专属链接，鼓动观众、粉丝消费的积极性。

最后，直播时需要设计一些营销玩法和吸粉玩法。营销玩法方面可以模仿一些"商品展示场景化""梯度库存炒氛围""现场给商家电话砍价"等策略。

场景化的代表：原本400份秒不动的云南生板栗，以直播的方式售卖，当值主播设计现场制作了一道排骨烧板栗，结果直播间400份生板栗瞬间秒空，而且商家连续加了3次，库存都卖空。

现场打电话砍价就是现场故意给商家打电话砍价、加库存（实际上是预先安排的），结果商品马上秒空；类似的例子很多，大家平时在直播间可以多留意观察，不过这种套路建议谨慎使用，容易造成对人设的误伤。

在吸粉玩法方面，具体的手段可参考"涨粉N个，就发支付宝红包口令一个""每涨粉N个，就在关注的粉丝中抽取福利商品"，等等；再比如"利用粉丝分层产品，新粉可以领取淘金币，铁粉、钻粉有特殊优惠对待""秒杀福利商品和弹窗吸粉强绑定"，等等。

粉丝跟主播之间前期一定是相互薅羊毛的过程，她来领你的淘金币、抢现金红包、刷秒杀抽奖的同时你也要让她参与到你设计的环节里来，帮助你提高各项数据，提升权重。千万不要让粉丝悄悄地来又悄悄走。

很多新手在直播间容易犯错的一点是，肢体动作僵硬、表情不够丰富，这也是很多主播人气不高的重要原因之一。直播间就是主播和观众沟通互动的最主要的桥梁，主播除了要善于调动现场气氛，灵活应变，还要尽可能地增加与粉丝间的交流，提高每个人的参与感。除了多笑，新手主播也要考虑更多丰富的表情和动作，使粉丝感受到你作为主播的积极和热情，更容易产生好感，从而更愿意点赞和消费。

还有就是直播间音乐特效的选择。开播前也要准备好使用什么样的音效，什么时候放什么样的音效，自己一定要心里有数。一般掌声和欢呼声的使用频率最高，也最容易烘托气氛。在粉丝们点击关注和点赞的时候一定要表示感谢，例如谢谢粉丝的支持等，让粉丝们感受到主播的诚意和热情，并有意愿继续互动。

另外，新主播如果比较幽默，也很容易引起粉丝的好感。但很多新手往往不够外向，那么怎么办呢？大牛建议主播在平时可以多积累一些搞笑的段子记在心里，直播时适当地背下来，增加愉悦的气氛，更讨粉丝喜欢；还可以提前策划好直播间的热点话题，在直播适当的时候抛出来与粉丝进行探讨和互动，使粉丝有参与感。

◆ 淘宝直播的技巧

1. 很多人没有办法一直看直播，更多时候是第二屏甚至第三屏选择，很多观众在"听""逛""溜"直播，话筒的收音很重要。话筒收音要比耳机的收音效果好很多。

2. 主播的人设切忌复杂花哨，必须真实，直播能够释放的信息太

多，一切不真实的信息都没办法掩盖也没时间修饰，更不像微信私人号的
人设一样。观众对人设的理解就是：长得好看，有点像某某明星，这人是
个主持人，唱歌不错……这些显性人设只要表现到位就会获得关注，后期
时间长就会带来转化。

3．直播封面很重要，用线下门店的思路去运营直播间，总不会错，
比如人流量少的时候，想想是不是"门头"（封面图）出了问题。

4．主播的镜头感很重要，所有的新主播最开始需要做两件事，第一
就是大量的练习，大量的练习可以克服恐惧感。直播是人类有史以来不用
面对面却能时间同步、身份画面等同步的沟通表达方式，不出意外以后将
成为大多数主播生活工作的核心必备场景。第二就是懂得提炼卖点，最大限
度熟悉要直播的产品，学习销售技巧，信息信手拈来能让直播变得更自然。

5．可以说，知识储备不足、产品不熟悉，卖点提炼不到位，话术不
到位是所有类目主播的通病。主播讲服饰可不仅仅是"这件衣服挺好看
的，大家拍吧"。

6．请专家当嘉宾是个好思路，但大部分专家的镜头表现力很糟糕，
主播带节奏很重要。

7．直播间设计也很重要，如果是个人店铺直播可以找身边做装饰的
朋友或好友帮忙查看效果，如果是企业的直播间最好请专门的设计团队进
行设计。直播间构图、灯光等这些都是必修课。

8．任何时候搞促销都有清晰的策略和明确的目的。秒杀、抽奖、特
价这些吸引来的都是"流量乞丐"，忠诚度低，占了便宜就走，对品牌的
损伤非常大，如果对产品没有规划，尤其是品牌这样操作有害无益。

9．淘宝直播不同于其他平台的直播，抖音、快手直播的变现方式很
多，淘宝直播里商品必须是核心。商品的重要性大于主播，大于活动，大
于装修，有好的优质的货源是根本所在。而且对于产品的梯队配置，具有
粉丝积累的主播，一般直播中六成是新品，三成是经典款，一成是附带类

目。也可以根据直播的情况适当地缩减或增加新品的比例。

10．只有颜值什么的不行，直播要有新花样，要有创新。淘宝直播比抖音、快手、斗鱼等直播各有利弊，但疲劳效应也很正常，如果没有新花样，新流量没有，老粉丝取关，多报名官方活动，多尝试新的东西，尽可能地延长生命周期。

11．不要天天想着流量暴增，老老实实直播。暴增的流量不长久，之后必然是暴跌。持久的直播必然会带来某一天的爆发，这是个概率较低的必然。2016年淘宝直播的前200名到2019年依然有三分之一排在前200，李佳琦、薇娅也是坚持直播才有今天的位置。淘宝平台不会扶植代表性的大直播，事实证明靠扶植某几个直播的平台最后都不行，不管是熊猫、斗鱼还是映客这些，更不要说抖音、快手、淘宝直播，所以不要觉得自己没有机会。同样的，对于新手直播官方往往会给予一定的大礼包支持，这是淘宝直播红利期官方必走之路。更不要学李佳琦、薇娅这样的主播，这些主播随便一句推荐，不要介绍产品狂热的粉丝也会抢货。但是大多的主播还是要认真直播抠产品细节、讲卖点、拼宝贝的性价比，而事实上李佳琦、薇娅他们在火起来之前也是这样操作的。

12．微淘和粉丝群要用起来，对于老客复看很重要。商家直播间如果SKU较少，建议多讲使用经验，比如服饰的不同穿搭，灶具炒各种菜肴等。卖便宜货和卖高性价比是两个概念，对比法很好用。按照"提出问题，分析问题，解决问题"的思路讲产品，转化效果都不错。

13．在店铺宝贝详情里挂直播预告信息，引流效果不错，也可以引导用户关注。浮窗发主播信息、活动信息、分时段内容预告效果都很好，要用起来。向右划的内容可以做一下，直播间里这些边边角角都不要浪费了。店铺代播的好处很多，帮助商家低成本搞直播，帮助店铺激活粉丝，主播和店铺之间互相导粉。客服直播可以做VIP专场，限制人数，一对一服务，让粉丝有种享受特权的感觉。

| 第十章 |

基于微信平台的私域电商变现
——微信私人号

一 微信搭建私域流量池的四种类型

微信有11亿的用户，这里我们就不再讨论微信还是淘系哪个平台更适合私域流量池的搭建，正如前文所述，没有最佳的平台，只有合适的平台，所有私域流量池搭建都要根据具体的使用对象来说。微信也在不断地增加各种各样的场景化工具，来满足不同的场景需求，从最开始的微信公众号、订阅号、服务号，给自媒体带来了一波红利，到现在已经基本沦为鸡肋，打开率下降，大量的流量已经被短视频和直播攫取。推出微信小程序，到今年的企业微信，加上微信私人号、微信朋友圈、微信群等，以及各种第三方直播插件，微信可供企业或流量主选择的工具也很多，整体来说微信平台仍然是T1梯队选择，而且需要承认，微信是与用户触点最多的平台。

第一种适用对象即个人创业者、微商、小型店面等，这类用户选择微信个人号、微信朋友圈即可，不过通常而言没有人只通过微信个人号运营私域流量，往往会辅助一些其他工具，像微信群、微店、抖音、快手、淘宝个人店铺、小红书等。

第二种适用对象即中小型企业，这类企业用户一般已经运营有企业的公众号，不管是服务号还是订阅号也好，都有一定的粉丝。这类企业除了选用微信私人号作为全员营销的主工具外，还可以选用企业微信、小程序、腾讯直播等，基本上微信的全品项工具都能使用的到，但也要根据企业品类、人员配置和操作规划来具体而论。同时，也不会有企业把所有的资本和精力全压在微信平台上，这一点前文已讲说。

第三类适用对象即大型的品牌主，大型品牌主不能把个人微信号作为私域流量的主阵地，动辄几百万的客户，随便封号一个的损失就是几十万。目前来说，品牌主如果通过微信搭建私域流量相对较好的办法还是微信公众服务号、小程序和企业微信。但是企业微信目前功能并不完善，而且还在测试阶段，具体转化或服务效率如何还有待验证。

第四类是To B类企业，To B类企业的获客成本高，单纯依赖微信和各种线上渠道不仅解决不了获客的问题，也解决不了成交的问题。目前来说单独利用微信布局私域流量的To B类企业基本上没有，但从不同工具的属性来看企业公众号和企业微信是不错的选择，微信公众号是承载内容、释放企业信息的不错平台，同时能以较短的路径将接触到的客户添加到公司的私人微信号、企业微信中。不过很显然，单纯依赖微信平台搭建To B类企业的私域流量池远远不够，在后边我们会用一个专门的章节相对详细的阐述如何搭建To B类客户的私域流量池。

二　微信私人号的私域流量运营

首先我们要明白，微信私人号人设的最终目的是打造一个人格化的IP，然后通过这个人格化的IP运营一些商品或服务。微信私人号作为私域流量的核心是目前最常用的一种操作，微信私人号是第一位，商品和服务都是次要的。人设即我们所说的印象管理设定，你要通过人格设定（剧本）呈现出各种各样的剧情、剧照、台词、动作、交易信息、情绪，等等，让别人对你的印象朝着你想要的方向发展，最终有利于私域流量的转化。

◆ IP人设怎么做

人格设置的目的是维护亲友、维护客户、对接工作，人格要设定一个相对容易辨识、快速记忆与从事行业相关的名字。其次，所有的微信好友都希望跟人交朋友，而不是公司。但前提是真实的人，而不是一个一个的客服机器人，人的终极需求是情感陪伴，真实的人格关系可以让用户对你具有基本的信任，信任可让你变得在某一个领域（最好是垂直细分领域）有话语权，甚至让用户追随你，无条件被你安利。这就要求这个人格设置有稳定的内容输出和与客户沟通时一致的人格性格表现。

◆ 微信的IP信任靠什么

1. 日常表现，来自朋友圈的图文。朋友圈的图文所体现出来的自身修养和人格状态，如生活爱好端正，吃喝玩乐有度，作息规律，认真负责，努力生活，乐于助人，积极善良，等等，最能给人以积极的信号，产生正向的印象。

2. 各种生活态度，图片朋友圈和该人格情况的表达方式，这是核心（你总不能直接发布一条朋友圈：我的爱好是很端正的），生活态度是真实的情绪表达，印象管理的基础就是情绪沟通，当情绪准位相同一切都可以。

3. 朋友圈所有体现出来的内容，都应该相对来讲是比较优秀的层面，无论是生活、工作、房车、生活用品等，更好的生活条件和生活水平，更加容易取得别人的信任，网红为什么会吸引那么多人？（注：某些方面取得一定成就的人说什么都对，总会有十分之一的人你说什么他也不会信，所以不必要也不可能讨好所有的人。）

话语权指的是什么？

1. 行业认知度、熟悉度：你对行业有多了解，是否熟悉，你是否有自己的消费观，以及较强的消费能力，这些观点需要在你的朋友圈用图文形式进行表达并且是粉丝想要看到的观点。

2. 行业接触时长和亲身经历：接触的时间有多久了，这些产品需要你已经使用过了，确定过确实"好"？不消费品牌的人做不了产品人。

下边是服装店铺的微信私人号的人格设定：

人设概况	名称：小波 性别：女 出生年月：1999年6月14日 星座：狮子座 籍贯：广东深圳 学历：大学本科 体型：163cm/47kg 衣码:S 鞋码:37 家庭成员：父母（与父母同住） 简介： 2020年毕业于广州大学服装学院，父亲从商，母亲为教师。家庭环境优越，独生子女，独立性强。 从小受虎门当地服装产地熏陶热爱服装设计，学习成绩优秀，可单独自行完成手工衣服的制作，擅长手工制作配饰类产品。 2020年入职公司任职"搭配师"职位，负责公司服装搭配。

不管任何层面，做人设要记住的是这个人：有消费力，了解行业并有一定的话语权。最好是女的（男的也可以，但条件更加苛刻），还要长得好看。美女不只是男人喜欢，其实女人也喜欢美女的。特别是对衣服选择这个问题上，如果有个美女告诉她：这个衣服你穿肯定好看，这句话是有分量的。反之，这个不是美女，连自己都不知道怎么穿，那就说跟没说一样了。

人设要从四个方面入手：主业、性格、爱好、特长。

主业：穿搭师、擅长服装搭配；

性格：心思细腻、年轻爱美、有趣好玩；

爱好：健身、下厨做饭、徒步旅行爬山、摄影拍照；

特长：摄影、厨艺、手工活。

微信账号相关设置：头像、封面、签名要符合真实设定。

微信头像：真人侧脸；

背景封面：穿着艺术的真人或模特穿搭；

微信个性签名：这是一个好奇心很重的魔法穿搭师。

◆ **人设详解**

重点：主业穿搭师，会在什么场景下出现？都会发布什么样内容的朋友圈，擅长穿搭这个人设该怎么表达才能加强这个标签的认知？

1. 主要出现场景：公开场合，如服装配饰面料市场，服装发布会（交流会）、商超、小商品市场，鞋包市场。私密场合，如新品讨论会、主播直播现场、研发设计、企划沟通现场等。

2. 店铺产品搭配：服装的搭配推荐，可以根据不用的肤色、季节、场合、适用年龄、风格、身材进行搭配，可以做搭配前后的对比摄影照。

3. 穿搭的疑问解答：提供服装搭配建议，提供与顾客之间的互动交流质量。可以提供穿搭图片，配色方案或直接语音私聊穿搭建议等。

重点：细腻、年轻爱美（化妆、配饰、鞋帽、摄影），有趣的人格设定下，都会出现什么类型的朋友圈内容？

1. 心思细腻：事必躬亲，无论大小事都会出现在现场，并总能在过程中把握重要细节；

2. 年轻爱美：化妆护肤（口红、面膜、粉底、睫毛膏等）、配饰鞋帽一应俱全；

3. 有趣：调皮、可爱、惹人爱、机灵聪慧。

重点：特长和爱好，健身、下厨、徒步旅行（户外出行、旅游、马拉松、爬山等）、摄影，这些内容都需要什么类型的素材？

1. 健身：公园跑步、运动APP截图等；

2．下厨：日常饮食的曝晒，最能展现真实感；

3．摄影：自拍、风景、动物、美妆、一切好看的建筑等。

◆ 朋友圈内容规划

个人生活展示：热爱生活、发现生活美的一面、弘扬正能量、体现真、善、美。

个人展示：你想让他们看到的东西，好的生活品质及正能量精神状态。

产品或者服务的体验：

1．自己对产品的体验。用户使用反馈最好是真人出镜，增强信任感。该部分内容占比20%。

2．所在专业领域知识分享：与产品或服务相关的知识分享、个人专业领域知识分享、趣味性分享。

3．兴趣、爱好：兴趣会凸显、强化个人IP标签，也最能感染人。如自己出镜、使用新鲜好玩的东西分享制作美食心得。

◆ 朋友圈内容输出的要点

输出自己的爱好、品位，与品牌价值观契合。

输出行业趋势、提炼自己观点，简单通俗的干货分享、小贴士。

第一人称口语化叙述输出自己的产品。输出品牌理念定位，传递品牌价值观，输出品牌IP化日常活动任何场景（工作、生活）。以人为本以人带事卖产品，一切都是围绕人而定。树立自己的语言风格，真实有趣有格调。用户关系维护：适当地用心给他人点赞或评论，保持适度的互动。打破时间空间限制：生活时间随时与用户相伴，而不仅是工作时间才有连接。

输出一致性素材收集、文字描述全由一个人完成，并由该人完成朋友圈内容的规划。当出现大量产品朋友圈内容，需要在第三天进行删除处理，确保朋友圈的整体整洁程度。每周有序完成下周的朋友圈所有内容的规划并提前一周完成所有的审核。

我们做微信的目的一定是跟顾客产生信任关系的，不要把朋友圈内容发布成纯营销号，这样会直接地告诉顾客：你就是给我用来收割的！这样的方式也卖不了几件货，我调查了累计不下100万粉丝的微信私人号，超过80%的联系人都会屏蔽这样的账号。

我们要让对方知道，你是爱生活，爱工作，爱自己产品并且很用心的一个人，有温度的一个人。

◆ IP人设注意的要点

对于新的人格设定必须制定朋友圈内容的规划和考核，但是相对稳定后则无须进行内容的规划和设定，运维人员应该和该账号的设定做到"人剑合一"的状态，只需要考虑转化率和负面好友被删率、点赞率、评论互动率即可。

◆ 成功的人设案例

东莞这边有个本地人，年轻漂亮的女玩家，家庭比较富裕。

在2019年9月，她开始在微信群卖进口水果和海鲜类，而且只卖有关系且熟悉的人。

有几个点：

1. 价格超贵，比如：牛油果39.9元/个，帝王蟹3斤左右1688元/个，黑金鲍 500 g 左右880元/个；

2. 卖得很好，一个月营业额300多万元。

3. 反馈很好，大家都在群里说好吃，食材超好，水果新鲜。后来我看了详细的群信息，总结几个点：

1. 人格真实，活生生存在于现实中并表现在微信中，大家都知道她的来历和生活环境；

2. 她对进口产品非常具有话语权，如进口产品的口感、选品、地区等，因为她自己日常的吃喝就是这样的；

3. 她整个人都让人羡慕，大家消费的主要心理，是因为追求这样的生活，通过物质来满足自己，或者很多有该消费能力的人，直接剔除外部购买渠道出于信任直接购买；

4. 没有负面反馈，基于该人格在行业的了解和熟悉，以及日常的消费都是这些产品，产品都是非常优秀的（货源优秀，把控到位），且就算出现一两例不好的其实也不好意思做负面反馈，负面反馈反而会暴露自己的不专业和不了解，因此不如不反馈（朋友那边我在现场的真实场景：我们开始吃的时候，她特别介绍该牛油果是来自哪里，如何如何的好，有多贵，可以看出该消费已经满足了她自己的心理诉求），正常要买就私信下单。

主要针对销售模式是：

1. 晒朋友圈，"今晚我吃清蒸帝王蟹，肉质怎么鲜，怎么好吃"，"牛油果我只吃这种，天然生长，多久采摘，多久送达，吃牛油果的好处"，然后比如晒完帝王蟹那么再评论回复：帝王蟹（3斤）1688元。

2. 微信群分享怎么做帝王蟹，怎么切，怎么蒸，蒸多久，哪里的肉好吃，不同的肉可以再怎么做（蒸、烤、煎等），一字不提卖产品。

这里的核心，是在卖"人"，这个人是在卖自己！

总结：

1. 要十分清楚朋友圈是很注重人格设定的，人格的设定直接决定卖什么货，能不能卖出去。

2. 该人格要特别注意一体化，在所有的朋友圈内容都符合人格原有的设定，自然且真实，做自己，还是做编剧需要想清楚。

3. 卖货其实不需要那么明显的硬植入，不容易反感，特别是相对高客单的产品。

4. 在卖货之前，就要围绕你所卖的货进行不断地了解和表达，更容易获得别人对产品的认可。

微信私域的成交技巧

微信私域流量运维成交的8步曲（以保险代理员为例）		
1. 主动关怀	地区	天气、特产、新闻、地区、朋友圈、工作、小孩、婚姻、婆媳、明星八卦……
	生活	
2. 提问及问题分析	必聊资讯	家庭组成分析、家庭收入分析、核心顾虑、配置方案解析、赞美、价值观、紧迫感
	介入资讯	
3. 问题总结与引导改善	总结问题	具体问题回归、恐惧感、家庭价值观、主动提及改善
	引导改善	
4. 引入方案	引导产品区别	横向产品比较、纵向产品比较、针对核心顾虑罗列优势、险种对比图、品牌荣誉背书、品牌荣誉、文章或链接、官方工作状态视频
5. 推荐产品	2个要求	2个利他互动小要求、配置2~3个最佳方案供选择、1~2个真实理赔案例
	3个方案	
	1个案例	
6. 回应异议	效果	可以保障的效果、官方的背书、价格的灵活空间、价格的优势、买赠的福利、售后的专业人员规模、售后的服务流程、紧急售后的处理、1~2个案例
	价格	
	售后	
	举例	
7. 成交	紧迫感	活动优惠期间、官方停保时间、名额限定
	……	
8. 未成交沉淀	引导继续关注	引导用户继续关注IP动态；有疑问可以随时沟通；有更合适的第一时间推荐；选保险的小技巧、生活、工作、情感；定期重复回访意向用户；与用户做朋友
	提供价值	
	重复回访	
	情感加深	

第十一章

基于直播电商平台的私域电商构建

直播电商：一种主流的销售方式

直播+电商模式是一种新的推销手段，直播为工具，电商为基础。通过直播为电商带来流量，从而达到为电商销售的目的。

直播已经成了一种新的带货方式，渗透消费者的日常生活。艾媒咨询报告显示，直播带货能够带动观看用户的消费欲望，超过60%的用户表示直播带货能够非常大或者比较大地引起消费欲望。

◆ 网红直播带货为什么不是电视购物

购物行为是买东西和娱乐的结合体，回归场景消费。

电视购物解决了购物的不便利性，人们在家里打开电视就能知道商品信息，不用跑到商场去，减去了较高的信息获取成本，刺激了当下消费冲动。再加上略带夸张的表达技巧，以及在10年前或15年前还很有吸引力的产品价格及赠品数量，电视购物进入人们的视野。得益于电视台的信用背书，导购们面对的受众可能覆盖面是非常广的，但是广泛的受众因为缺乏互动性也基本上永远不可能成为导购们自己的粉丝（忠诚买家），而网红直播带货却或多或少可以做到这一点。

网红直播带货不是电视购物的简单升级版，两者解决了不同的问题，而且电视购物不太可能沉淀私域流量。在传统网络购物已经很成熟的模式下，已存在图文导购平台的"种草"。网红直播带货解决了直观体验的信息差、购物娱乐属性的线上化、实现互动的问题，也就是从搜索到体验的跨越，从买东西到有人陪着买东西的转变。最重要的是，用户的主动选择权增强，由谁来向自己推销和陪伴购买过程被提到了前所未有的高度。有实实在在的真人来详细讲解和实时聊天，主播因用户的主动选择而具有明显的流量聚集效应和互动的正反馈机制，用户真切感受到众多买家购买意愿的蠢蠢欲动，集体消费的狂欢在一次次链接商品"秒空"中攀到情绪的高点。（见表11-1）

表11-1　网红直播带货模式与其他购物方式的对比分析

购物方式	形式特点	体验特点
线下购物	实时讲解+陪伴+购买行为	用户通常需要付出交通成本并有一定陪伴出行的需求或面对面交流的沟通压力，可以体验商品，有讲解过程
电视购物	实时讲解+购买行为	用户自主观看（讲解员一般不可选)，没有流量聚集效应和正反馈，同时多买家在线，但是不能实时交流信息和反馈，不用付出额外交通成本和陪伴出行压力
传统网络购物	浏览+购买行为	用户自主完成浏览图文信息或录制小视频，然后下单完成购买行为，随时随地，不用付出额外交通成本和陪伴出行压力
直播带货	网红（主播）实时讲解+陪伴+购买行为	用户自主观看直播(主播是用户偏好的讲解员类型，可自主选择)，同时多买家在线，实时交流信息和反馈，不用付出额外交通成本和陪伴出行压力，但是有陪伴购物的体验感，兼具娱乐消遣属性

◆ 当前主要的直播带货模式

电商直播模式已经衍生出了多种模式，即当前的主流模式也称之为1.0模式：包含有秒杀模式、达人模式、店铺直播等。目前淘系内部更注重特卖直播，价格是王道，更依赖供应链驱动，对于大多的MCN机构来说，网红和KOL是核心，而供应链是核心的核心；而其他平台则注重多元化直播，商品是王道，同时更依赖人设驱动。

2.0的直播模式主要是国外代购模式、基地走播模式、产地直播模式、砍价模式以及博彩模式。其中比较有趣的就是基地走播、产地直播以及砍价模式，对于传统电商触及不到的货品和领域有奇效。基地直播由供应链构成基地，直播在各个直播基地去做直播，现场开播，容易造成冲动下单，有一定退货率风险。目前比较好的基地模式就是品牌基地和产业带直播。砍价模式非常适合珠宝/古玩等产品，而珠宝/古玩是快手带货排位靠前的品类，主播拿到翡翠后，把商品优缺点分析给粉丝听，征询有意向购买的粉丝，主播砍价，协商一致后，主播收取一定的代购费和佣金。2.0的直播模式一定程度上解决了货源和选品的问题，基地、产地都有着充足的货品供给，并且进一步延伸到珠宝玉石甚至拖拉机等品类。

3.0的直播模式就是C2M。主播根据粉丝需求，采用OEM或者ODM的方式推出特有款式，同时也保证了品质。汇聚各类服装、美妆、食品等工厂产能，基于C2M的生产模式赋能旗下主播，逐渐提高自有货物的直播比例，进一步提升直播间的利润率。对于仅为品牌带货的李佳琦而言，自建供应链似乎暂时是一个性价比不够高的选择。而对于积累了自有服饰供应链的薇娅团队来说，货品的重要性不言而喻。（见表11-2）

表11-2　当前主要直播带货模式

模式	细分模式	特点
主流模式	秒杀模式	主播凭借流量优势获取对品牌商的议价能力，低价回馈粉丝
	达人模式	在某个领域积累专业知识，成为消费KOL
	店铺直播	主播对店铺在售产品进行逐一介绍，依靠商品引起观众互动
特定地点	基地走播	供应链构建直播基地，主播前往基地开播
	产地直播	农产品为主，主播到产地直播，高性价比

模式	细分模式	特点
垂直类型	海外代购	主播在海外给粉丝导购,商品随镜头变化
	砍价模式	主播针对高价产品向卖家砍价,协商一致后粉丝购买
	博彩模式	直播赌石,珍珠,博彩兴致高内容趣味性强
	专家门诊	生病寻医,获取特定流量难,但转化率较高

◆ 搜索电商成为过去式

1. 传统电商,即搜索电商。人们的消费从线下转移到线上,用户通过搜索的方式来浏览商品;此阶段中,阿里巴巴做出了千人千面的调整,根据不同的人群推送不同的搜索结果。

2. 社交电商,起源于微信的崛起。典型代表为微商,通过朋友圈转发产品来吸引潜在顾客。

3. 内容电商,其中包括直播电商。在内容电商出现之前,出现过网红电商;直播是网红电商的一种在内容上的丰富;直播电商属于内容电商的一种。(见表11-3)

表11-3 从搜索电商到社交电商到内容电商

类型	搜索电商	社交电商	内容电商
特点	搜索为主,图文形式	社交裂变,分享形式	人群细分,视频呈现
关系链	搜索关键词→找到商品→浏览→线上购买	熟人推荐→社交平台产品广告→吸引消费者咨询→讲解→线上购买	观看产品直播→线上向主播咨询→讲解→线上购买
社交属性	无社交属性	有社交属性	
产品展示方式	货架	货架,导购	
转换原因	线下转线上线上红利	微商—社交电商微信等生态红利	网红电商—直播电商场景和硬件升级红利
体验	逛街体验	社交体验	沉浸式体验

续表

类型	搜索电商	社交电商	内容电商
消费主动性	主动	较主动	被动
受众人群特点	大众	熟人	细分群体
信息对称情况	较低	降低	较高
演进方向	千人千面+达人店铺	店铺直播+团购直播	云逛街模式+AR+VR购物等
核心竞争力	效率及供应链能力		

二 抖音、快手、淘宝的平台特点和流量逻辑

抖音是一个公域的直播流量。纵观现在所有的直播平台，包括淘宝直播、快手等，抖音的直播流量是面向全网的。抛开秀场直播打赏，抖音的直播是全网直播流量获取的最佳平台，也是最快的通道。这个流量不是你周边的人，不是你附近的人，而是全网的流量。而且大家也知道抖音直播关联的商品大多数是淘系生态，也就是淘宝上的商品。

抖音以内容为主要流量分发逻辑，流量集中算法分发，平台控制力强，容易制造爆款，粉丝获取效率高，粉丝增长速度快；正是由于抖音流量是基于内容和算法分发，头部网红流量分散，私域流量未建立，不利于私域流量运营，电商MCN难以电商运营惯用手法运营私域流量。但抖音的广告效果明显。因为流量集中分发，电商及品牌广告导流效果好，抖音目前收入以广告为主。

就算法上来说，抖音和快手核心都是"用户标签和内容标签的匹配，层层的用户池反馈机制"。抖音与快手的算法不同，主要体现在两个方面：一是重复内容的处理，在抖音的算法体系内，疑似重复的内容会被低流量推荐；快手则为了保证每个创作者被看到的权利，哪怕是相似的内容也会获得推荐的机会。二是流量触顶的处理，在抖音上可能存在着数亿用户观看过的内容，快手上则绝无仅有，当视频热度达到一定阈值后，曝光

机会将不断降低。这也就决定了抖音在流量端的中心化以及快手的相对去中心化。（见图11-1）

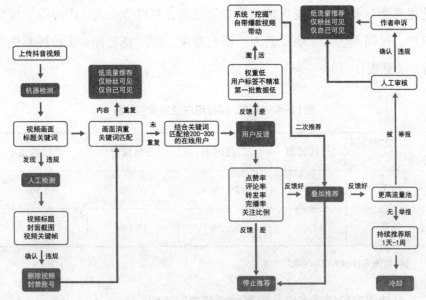

图11-1　抖音算法推荐机制及流程

　　结合来看，淘宝、抖音的网红带货马太效应将会长期存在，快手则相对平均一些。这主要是由流量和效率的推荐机制共同决定的，实际上快手是人工干预的流量机制，本质上仍存在着一定中心化趋势。此外，网红带货的马太效应无所谓好坏，只是流量与效率的权衡选择。淘宝再出现下一个李佳琦或者薇娅的可能性已经不大，竞争已经白热化，淘宝的流量寸土寸金并且有着明显的官方导向性，成长为下一个巨头的挑战太大，但抖音和快手或许还有希望。

◆ 快手深耕下沉市场，带货潜力巨大

　　快手电商成交额巨大。快手电商在2018年最后两个月的成交卖家达到数十万，成交商品数量达到百万级，"双11""双12"订单数均超过千万，高峰期电商成交额以亿级计。

　　快手深耕下沉市场。低线城市及农村快手用户占比高于全网网民用户

占比，在低线市场具有优势；快手直播带货下沉至五线城市、乡镇乃至农村，其中"小镇中青年"对快手电商GMV的贡献占比最大；快手电商的主要参与者：工厂老板娘、档口老板娘、乡村带头人、海鲜批发市场商户、民间手艺人、明星艺人、茶艺专家、国际花艺师、美妆种草达人等。（见表11-4）

表11-4 快手、抖音用户城市级别分布

城市级别 平台	一线城市	二线城市	三线城市	四线城市
快手	9.5%	29.3%	20.9%	40.3%
抖音	11.4%	33.9%	19.1%	35.6%

注：数据来自QUSETMOBILE2018.1

◆ 快手变现模式多样，电商成重要变现手段

快手通过短视频和直播的方式来导入流量，并接入电商平台来实现流量变现，目前快手已接入第三方平台如淘宝、拼多多、有赞、魔筷星选、京东。

快手的商业模式能够维护高价值的私域流量，黏性高和互动性强的一些粉丝；快手电商通过优质的内容达到社交沉淀，其实就是粉丝的积累，最后实现电商的变现。（见表11-5）

表11-5 快手变现模式

直播带货人员 规模	10万+粉丝月收入	每月直播电商带货人 员增速	带货内容覆盖的消费 者规模
100万+	5万/月	10%+	1亿+/日

注：数据根据快手官方发布收集整理。

◆ 快手VS抖音——流量特点决定电商变现路径

从快手和抖音的流量分发特点可以看出，抖音是以内容为弱关系的连接，通过优质的内容可以在抖音上快速获取流量，实现爆发式的流量增长。但弱关系的变现较难，所以抖音平台的粉丝数量和直播间的人数没有必然关系，抖音平台的变现跟粉丝数量也没有必然联系。从这一点可以看出，信任系数差也就没有变现可言。快手平台虽然也是以内容为出发点，但更加注重用户关系的深度社交互动，注重人格域的积累和人格化品牌的打造，用户和主播之间的关系呈强关系（相对于抖音而言），所以，在快手平台上可能只有几百粉丝，也能实现稳定的变现。（如图11-2所示）

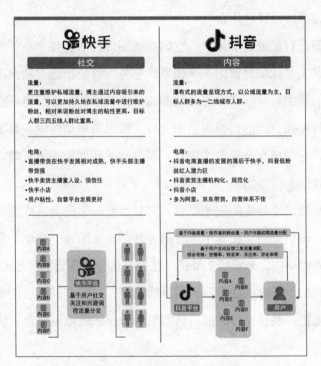

图11-2　快手与抖音流量特点对比

三　四大直播带货平台的选择

淘宝直播是整个电商直播的模板。目前淘宝直播拥有的日活用户是

3000万左右，即每天会有3000万人打开淘宝直播这个软件，2019年淘宝直播全年的交易额大概在2000亿元。抖音平台全网拥有将近4亿的日活，直播日活人数在一个亿左右。快手在全网拥有3亿日活，直播用户是1.5亿左右，快手同时也是目前全世界最大的直播平台。

2019年，抖音全年直播产生的交易额大概是300亿～400亿元，快手2019年是1200亿元左右，今年的目标是要做2500亿元，抖音今年的目标是要做到2000亿元。大家可以看到，抖音目前势头非常大，它去年做了300亿元，今年一共要做将近1500亿元到1700亿元的一个增量，快手要做一个1000亿元的增量。淘宝直播今年要做3000亿元到4000亿元的目标。

腾讯直播的现状是什么？

腾讯拥有11亿的注册用户，它的直播用户分散在各个小程序上，腾讯直播目前其实是比较分散的一个体系，它并没有公域流量池，不像淘宝直播、抖音、快手直播一样，有公域的流量推荐给你，你只能是把自己朋友圈的一些好友往自己的直播间里面去导。腾讯直播虽然说基数很大，但是流量分散，它的成交金额没法统计，很多微商转型做腾讯直播，它的成交额产生在微信上。

淘宝直播是最专业的一个平台，它自己有一个痛点，就是现在流量已经见顶了。淘宝直播现在整个流量的上升都非常困难，它也是今年通过一些明星计划的动作，来希望能够把一些明星的粉丝转化到自己的平台上。

抖音和快手是自己拥有巨大的日活流量，同时它们算法也非常精准，能够精确地把一些粉丝转化成自己的电商粉丝，所以说抖音和快手机会还很大。

◆ **淘宝直播的优点**

第一，淘宝直播拥有全网最成熟的千人千面算法，每一个人打开手机淘宝，它的页面呈现的店铺和商家数量都不一样，它会一边记录每一个人打开手机使用手机淘宝的行为习惯，给你这个账号下面去做一个标签。比方说你在淘宝上买过一个大码的衣服，那么它就会记录你是一个穿大码的人，你买过一个42码的鞋，那么他就会记住你是42码的脚，这个时候你的标签就形成了你的一个账号画像。同时淘宝会给每一个商家画像，他店铺里面卖的商品，根据它的标题和它的内容去评判这个商家的画像是什么。如果说你是一个买大码衣服的人，那么淘宝会优先把卖大码衣服的店铺推到你的淘宝页面上端，所以说这就是基于千人千面的匹配。它让卖家更快地找到想买他家商品的买家，以及让买家能够最快地看到自己想买的商品，这是基于一套卖家与买家之间的精确算法。

第二，淘宝的粉丝精准度比较高。每一个到淘宝看直播的粉丝都是带着钱包来的，他们看淘宝直播就带着一个消费欲望，他们下单的可能性更高。抖音、快手包括腾讯直播这些平台，他的粉丝在上平台的时候，是一个娱乐的心态，消遣时间的心态，他们没有带钱包，这个时候我们如果想在抖音和快手这样的平台把我们的产品卖给消费者，我们需要让消费者先有一个购物的心态，中间决策链就比较长。

第三，淘宝拥有最完善的基础设施。淘宝是一个专业的电商平台，它去管理它的主播和机构的时候，可以通过后台管理主播，整个淘宝的客服体系，分佣体系，退换货的流程和对商家的限制条件都非常成熟。粉丝在淘宝上下单购买东西，拥有最低的信任成本。淘宝会要求商家全部做7天无理由退换货，淘宝也会去给第三方去做交易，给支付宝做交易风险的保障。对于抖音、快手、腾讯来讲，电商体系还没有那么成熟。

第四，淘宝直播有回放。淘宝因为自己的服务器比较厉害，它每一天的视频都可以留有回放。很多主播在做完直播时，他的粉丝没有时间实时观看直播，粉丝可以通过回放去继续购买它的产品。一个主播，比方说白天的时候开直播6个小时卖了80万元，那么当天晚上24点之前，还能再额外产生10万～20万元的一个交易额，10万～20万元的交易额从哪来？就是粉丝通过观看主播的回放产生的一个交易额，所以说回放可以有效地提高整场直播的交易额。

◆ 淘宝直播平台的缺点

淘宝第一大缺点就是目前整个2019年树立的新人比较难起来，就一个字难。朋友公司在2019年签约了100多个主播，目前淘宝直播一个孵化起来的都没有。

因为整个淘宝直播的日活用户流量见顶，2018年的时候，抖音平台只有2亿的日活，快手是拥有1.5亿的日活。两年过去，抖音从1.2亿跑到了4个亿，增加了2.8亿的日活，快手从1.5亿涨到3个亿，增加了1.5亿的日活。当时淘宝直播是将近900万的一个日活用户，现在也只到3000万而已，它的绝对日活用户绝对值只增加了2000多万。所以说淘宝平台的流量上升比较缓慢。

第二个是头部主播流量黑洞，什么意思？我们在其他平台有一些粉丝，那么我把我其他平台的粉丝带到淘宝直播来，是不是就可以帮助我很快地去做一个基础数据？这个是有风险的，为什么？因为淘宝直播它的主播和它的机构已经在电商直播这个领域做了三四年了，他们都非常专业，并且已经有了像李佳琦、薇娅这样的顶级流量IP，你把你过去的在其他平台积累的粉丝转移到淘宝上来之后，他们在看了你的直播之后，再去看了李佳琦和薇娅的直播，会形成一个黑洞效应，就是头部主播把你的粉丝给吸走了，这个其实是你得不偿失的一件事。我在其他渠道好不容易积累了三四年的粉丝，来了淘宝之后，一夜之间就被李佳琦和薇娅给吸走了。

第三个是整个平台的红利期。淘宝直播的平台红利期大概是在2018年。因为淘宝直播是2016年起来的，2017—2018年当时的整个平台是一个野蛮生长的状态，它的整个数据表现都非常好，但是现在到了2020年，整个淘宝的直播已经进入了一个红海竞争的状态。因为机构也多，主播也多，商家也多，然后他直播间的粉丝审美已经变得非常高，这个时候你作为一个新人再杀到淘宝直播平台里面，很难打得过别人，所以说整个平台的红利其实已经过了。

第四个是整个平台自身流量的痛点。整个淘宝直播，其实它的流量一直都在用手机淘宝原有的存量流量，一直是在做存量的转化，没有给现在的手机淘宝业务带来新的增量市场。所以说如果我们的手机淘宝流量不能往上走的话，那么我们的淘宝直播流量一样也很难提升上来，这也是平台目前需要去解决的挑战。

◆ **抖音和快手的平台优劣势**

第一，抖音和快手平台是一个新市场，新市场意味着什么？机会大，所以说这两个平台去做区别的话，抖音的是电商直播市场比快手的电商直播市场要更新一点，快手的电商直播已经做了一年了，并且去年已经做了1000多亿元，这意味着整个快手生态里面的电商主播它已经有了一定的基础量，抖音去年只做了400亿元，而且抖音直播的电商是在今年4月1日罗永浩打响第一枪之后才开始发力的。抖音目前在直播电商领域算是流量最大、成长空间最大、最新的市场。抖音目前是一个好的机会。

第二，整个抖音和快手平台，是短视频平台，可以通过短视频的内容或者叫剧情内容来增设人设IP。人设可以通过拍摄体现自己人物性格的短视频，来增加和粉丝之间的黏性，粉丝会很快对你这个人产生信任感，愿意在你的直播间买东西。淘宝直播是大家会对货产生信任感，那么抖音和快手是对人的信任感，粉丝黏性会比淘宝直播做的更强一些。

第三，抖音、快手的模式叫短视频引流直播带货，所以说整个抖音、快手的流量逻辑是短视频加直播两种方式的，短视频可以给直播增加流量，直播广场也有增加流量，两种引流方式，引流的效率会比淘宝大很多。

◆ **两个平台的缺点是什么**

第一，平台目前其实都需要供应链能力。淘宝直播最强的地方在于淘宝是由1200万个商家组成，它里面是不缺货的，抖音和快手平台是内容平台，它里面创作者非常多，但是商家还很少。所以说当创作者多，创作者的变现需求多的情况下，以现在有限的供应链资源，快手和抖音有限的商家资源，很难满足每一个创作者去做变现的需求，抖音快手供应链非常短缺，这是一个机会。

第二，这两个平台泛粉比较多。两个平台的流量基础很大，很多粉丝是泛粉。泛粉什么意思？第一个，15岁以下没有消费能力的人，抖音上有非常多的小学生、初中生这种没有什么大消费能力的人在抖音上去看短视频。

第三，不会做网购或者不会在网上买东西的这批人。比如说很多男性，很多男性他在抖音、快手去看直播，看那种秀场直播、游戏直播的时候，他更多地会把钱花在打赏上，不会把钱花在买东西上。会买东西的人这几年我们已经验证过了，女性，年龄段在18～45岁的女性群体，电商直播领域拥有最强的购买能力。抖音平台虽然流量很大，但是很多看秀场的男粉和很多年龄低的粉丝都不是我们做电商直播的精准用户，所以说泛粉也比较多。

第四，劣币驱逐良币。因为抖音、快手缺少供应链，主播又不懂产品，所以说他们在选品的时候没有做很好的品质把控。平台上已经有很大粉丝基础量的主播，商家会把一些很差的产品，给这些主播付了一个服务费，就让主播卖，或者是货不对板。商家让主播播的样品是一个质量非常好的样品，但是主播卖出去产品之后，商家会因为主播给我谈的价格压得很低，把一些差的产品发给消费者，这个时候消费者会对整个平台的电商生态产生一个信任危机。把整个市场就搅乱了，从而产生劣币驱逐良币效应。

第五，没有回放。就像刚才我们说的淘宝直播一样，天然地丢失了一些销售额。

◆ 腾讯平台的优缺点

腾讯直播的一大优点是门槛低，目前只要有一个营业执照，并且拥有500以上的微信好友人数就可以开通腾讯直播平台，门槛非常低。

第二个是可以去做做基于微信生态的转发，不用来回调转。另外，粉丝进入直播间之后，看不到别的主播的直播间，他只能在你的直播间，粉丝就不会流失。这个是优点也是缺点。

第一，腾讯平台自己是没有公域流量的，只有有限的人能够拿到腾讯平台的公域流量，它不像抖音、快手或者淘宝一样有直播广场。

第二，腾讯的天花板非常低，什么叫天花板？意思就是我们在这个平台能不能做大，在腾讯直播这个平台里面能不能出现像李佳琦、薇娅、辛巴、罗永浩这样大的带货IP出来。每一个人去做腾讯直播的时候，天花板就是他的微信好友人数，微信好友如果只有1000人，天花板就是这1000人，只有不断地去给他的微信号上去引流，去增加微信好友，才有机会把直播间的流量去做大，所以说腾讯直播的天花板很低。

第三，目前整个腾讯直播的MSN机构，生态一般。为什么说像淘宝直播开始的时候就成立了一批成熟的电商MCN机构，这批MCN机构的电商能力和主播孵化能力都很强。抖音、快手因为一直做内容，有很多的短视频内容，内容MCN机构不会做电商，它因为拥有短视频的内容能力，所以说它可以做短视频引流。腾讯直播生态过去是没有这样的机制的，所以说它缺少像MCN机构这样的角色在整个平台里面去做服务，那么我们孵化新主播的难度就会很高。

第四，目前整个腾讯直播是没有品宣价值。品牌有很多的广告预算，他会去投在淘宝、抖音、快手这样的平台，他不会去投到腾讯这样的平台，他只会把广告投给腾讯，而不会投给腾讯下面的主播。所以说这个时候对于我们的主播来讲，他就少了一个利润收入，这也是腾讯直播的缺点之一。

◆ 不同平台分别适合什么群体

淘宝平台

有三类适合淘宝直播平台，第一个是我认为有成熟的电商团队的人适合做淘宝平台，你的团队有电商能力，你已经很懂淘宝了，这个时候你懂淘宝的玩法，你去做淘宝直播的时候就会更得心应手。第二种人是在其他平台有自带流量，因为淘宝平台自己的流量很少，所以说它发展的时间又长，那么它现有的这些流量其实都已经被现在平台上这些大网红都给各自占领着。一个新人想要进入这个平台，跟这批大网红去抢他们现在的流量是很难的。所以说如果你在其他平台自带流量，自己的一波粉丝进入淘宝直播平台是能够很快起来的，这叫自带流量。第三，你人是在杭州或者广州这样的产业带基地的，它有个地域优势，大家都知道杭州是中国电商的发源地，阿里巴巴淘宝都在这，所以说杭州在整个电商领域的资源和配套产业是非常丰富的。淘宝直播的MCN机构供应链都在杭州，就算是一个素人没有任何经验，你只要有一定的口才和专业基础知识，你就能够签约机构或者去找到好的供应链帮你去做带货。广州是仅次于杭州的一个电商发展很快的城市，所以说基于这两个城市，你做淘宝直播的机会还大一些，除了这两个城市，你在一些三四线城市，没有电商团队，没有自带流量，淘宝直播是绝对做不起来的。

抖音和快手平台

三类人比较适合，第一类人是有成熟的内容团队，你的团队懂短视频内容，能够拍出优质的短视频内容，可以解决在平台里面的流量问题。第二个是你有源头保护的供应链，优质供应链，因为目前整个平台我们说过了是缺乏供应链的，所以说当你带的优质供应链到这个平台的时候，其实第一你可以自己卖好的产品，因为这个平台上和你竞争的人少，你还可以让别的主播帮你卖产品，这是一个很好的机会。第三是我觉得有资本加持的人民币玩家，这个主播帮你卖产品，这是一个很好的机会。因为平台是属于新市场新机会期，那么它整个平台购买粉丝的成本是非常低的，它不像淘宝经营了三四年，目前它有成熟的那种广告推广机制，比如说像直通车，像超级推荐，像转载，目前一个主播买一个流量的成本都在1.5元到3元，但是目前在抖音和快手这样的新平台，因为新平台入局的人很少，所以说它目前在买一个流量的成本大概在3角到1元，成本基本比淘宝低三倍。

腾讯直播

第一，大微商适合。大的微商的代理就非常多，代理下面的粉丝群体也多，可以很天然地从整个腾讯微信生态里面去找到很多的流量灌到自己的直播间。

第二，线下门店去做私域运营。因为腾讯直播的操作难度比较低，线下门店去学习的成本门槛也比较低，不要把直播当成一个让人一夜暴富的工具、雪中送炭的工具，要把它当作一个强化我日常运营的工具。把腾讯直播当成一个加强和自己线下客户沟通的渠道去做日常的运营，可以很好帮你提高自己门店管理的效率，因为过去门店讲究一对一，一个顾客进来店铺里面我要有一个导购去接应它，但是有了直播之后，其实我的一个导购可以在直播间里面一下对三五十个或者三五百个顾客，这个效率其实是更高的。

第三，腾讯比较适合做培训，因为大家其实现在都还比较懒，所以说基于腾讯直播做培训也是比较方便的一个模式。腾讯上有小鹅通这样的平台，其实对于腾讯直播做教育培训这个领域是有非常大的帮助。

（四）快手更适合作为私域电商的构建平台

2011年，程一笑等创立了当时还是动图工具的GIF快手。之后宿华加入，快手转型短视频社区。在他们公平普惠的价值观下，快手在相当长的一段时间内低调耕耘，坚守"每个用户都需要被看见"的原则，对所有用户一视同仁、不设推荐位和排行榜、不刻意引导爆款话题。

直到2016年6月，一篇《残酷底层物语：一个视频软件的中国农村》才将快手以一个粗鄙的视频软件的形象呈现在人们面前；文章开头便是"当你打开这个神秘的软件，肯定会纳闷这个低俗、简陋、粗糙的App为什么是中国第一视频App？因为其用户人群是海量的乡村人口。"快手第一次以一个草根而接地气的短视频社区形象为公众所认知。

2017年快手DAU破亿，此时快手已经成立了六年。相比于另一个短视频巨头抖音用17个月就做到1亿DAU，快手的增长可谓慢热。

快手第二次频繁出现在公众视野中，已是在2018年，此前上线了各类直播业务的快手在直播电商大潮中迎来高光时刻。此时的快手已经不仅仅是草根接地气的短视频社区，而成为散打哥、辛有志等头部老铁打擂直播带货的阵地。2018年的快手电商节上，老铁"散打哥"以1.6亿元带货量的成绩位列快手主播第一，让外界惊叹于快手头部老铁的带货能力。2019年前三季度老铁"辛有志"以21亿元的带货额享誉全行业，量级上直追淘宝直播顶流薇娅和李佳琦。此时的快手，才以其持续演进的商业路径和独特的产品属性，真正为大众所认知。

快手目前主要产品形态是短视频和直播。短视频方面，快手可对标抖音、哔哩哔哩以及部分微博。但相比于抖音、哔哩哔哩和微博等公域流量特质很强的内容平台，快手更为私域和社交，更多流量来自私域的社交关注和互动。

◆ 快手私域电商运营的典范

快手的交互形式、内容调性和变现方式，都与其底层产品逻辑有关。（见表11-6）

表11-6 快手vs抖音的产品逻辑区别

	抖音	快手
口号	"记录美好生活"	"记录世界记录你"
流量属性	偏公域	偏私域
平台属性	偏内容	偏社交
社交黏性	较弱	较强
内容分发逻辑	强干预，推爆款内容	弱运营，公平普惠
交互形式	单列大屏	双列
调性	美好有趣	真实
用户增长	启动速度快	早期增长缓慢
主要变现方式	广告	直播
带货方式	种草广告	电商直播

根据快手官方描述，"快手的流量分发是基于兴趣、位置、社交关系和话题的去中心化分发，关注页作为私域流量入口，流量极大，仅次于发现页；让快手区别于其他短视频产品，更多是社区和社交平台，是生活圈，是朋友圈"。

重社交关系的去中心化分发模式，让快手得以给到平台UGC作者以公平而普惠的流量分配，让平台作者得以积累属于自己的私域流量。这决定了快手的产品交互形式、内容调性和变现方式。

快手的主要交互形式是双列视频，而非抖音的单列大屏。抖音是强干预的公域化内容产品，推送给用户的视频均是平台选择后的优质内容。而快手通过双列瀑布流的形式给予各个视频相对普惠的曝光机会、将更多选择权留给用户。

快手的内容调性更偏真实生活，所有老铁都可以将其生活的方方面面展现在快手平台并且得以露出。抖音对内容的强干预，让抖音的内容调性更加统一，美好而有趣，正如抖音的口号"记录美好生活"。

快手最主要的变现方式是直播，老铁们积攒了属于自己的粉丝，可以通过生活直播、游戏和娱乐直播、带货直播等形式来变现。相比之下，竞品抖音的强公域属性将流量留在平台层面，在广告变现上的量级更大。

◆ **快手直播：公域（30%）+私域（70%）直播，同城+社交**

快手的流量分发有他的原则，他也给头部流量，发现页、同城页，大主播会分配流量，但流量的分配也是非常有限的。快手每天大概会生成1500万到2500万条内容，它把70%流量给到更多的内容生产者。也就是有关注动作的好友，让更多人能刷到好友更新的内容，这也就造就了快手内容最大的惊喜，让快手的私域流量价值更高，带货效率远远超过淘宝直播。（见表11-7）

表11-7　淘宝直播、快手和抖音的区别

平台	淘宝直播	快手	抖音
属性	电商	社交	内容
流量来源	淘宝直播、外部内容平台	快手	抖音
头部主播达人	薇娅、李佳琦	辛有志、散打哥	罗永浩
主要供应链	淘宝天猫	淘宝、拼多多、京东、有赞、魔筷、快手小店	淘宝
2018年带货规模	1000亿元	估算，数百亿元	估算，数十亿元
分成方式	在总佣金（约20%~35%）中，阿里妈妈：淘宝直播：主播方=1:2:7或1:3:6	对淘宝有赞等渠道，快手抽取佣金的50%，但会作为"商户奖励金"返还给优质商户。快手小店渠道收取GMV的5%	目前基本无
估算平台抽成比例	6%~14%	5%	基本无

2018年的快手电商节上，快手头部主播老铁"散打哥"以1.6亿元带货量的成绩位列快手主播第一，这样的带货能力让外界也注意到了快手这个顶级直播带货平台。2019年，头部主播老铁"辛有志"前三季度带货

21亿元，量级直逼淘宝顶流薇娅和李佳琦。根据这个带货量估算，2018年和2019年快手全平台的电商GMV在数百亿级，在所有平台中仅次于淘宝直播，是内容平台探索直播带货模式的最大惊喜。

　　与抖音、陌陌、虎牙等其他尝试直播带货的内容平台不同的是，其他平台主要仍是从内容端引流，而快手格外注重供应链的搭建。快手除了淘宝之外，还接入了有赞、京东、拼多多、魔筷星选等第三方电商应用和平台，此外还自建了"快手小店"，形成了带货的商业闭环。这样的模式选择无形中给了阿里巴巴等第三方电商平台一定的压力，也让快手未来的商业路径产生了更多的可能性。

| 第十二章 |

直播带货的策略和操作技巧

一 整场直播设计——化整为零，模块化设计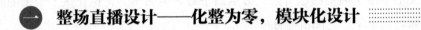

◆ 拆时为分

如果要做2小时的直播，首先把2小时拆成120分钟，然后再把120分钟拆成24个5分钟或者12个10分钟。因此我们只要把每个5分钟的内容提前设计好就行。那什么样的产品适合10分钟，什么样的产品适合5分钟？

5分钟：衣服、食品、百货，粉丝希望快速看、快速做决定，靠款式新颖丰富程度吸引粉丝的直播间。

10分钟：美妆，中高客单价的产品。

20分钟：大件商品，需要现场使用演示、详细介绍的商品。

以221结构进行再次细化拆分，就是把每个5分钟的直播模块再进行拆分，拆成2分钟+2分钟+1分钟，同理 10分钟的直播模块就拆分为4分钟+4分钟+2分钟。

第一个2分钟：介绍产品的4个3要素，介绍该产品的三个卖点，三个背书，三个使用场景，三个对比。

背书的首要作用是提升信任度，一般来说有工厂背书，品牌背书，成分、含量等物理属性背书，奖项背书，名人背书等。这里讲到的背书，在图文电商中一般都有体验，那就是产品的详情页，详情页一般会把背书所需要的东西呈现出来。

场景一般是用户的使用场景或功能性场景，场景能最大限度让用户进行自我匹配需求，只有需求匹配才能激发信任，刺激下单。

对比：一般是价格对比，不同平台的价值，不同活动期间的价格，竞品对比，只有通过对比才能带来一些独特的优势，力争表现出人无我有，人有我优的直播暗示。

第二个2分钟：优先开启限时、限量、限购的秒杀价，同时重复强调产品的卖点和对比，演示下单动作。因为直播是一个新事物，95%的人都没有通过直播购买过东西，即便是熟悉互联网的用户很多也不会操作，重复提示下单动作，能够增强转化的概率。然后就是催单，催单非常重要，这也是头部主播，类似李佳琦、薇娅、辛巴等主播的优势所在，草根网红起来，所有的直播流程非常严谨，反而诸多明星主播不能搁下面子，没有反复催单的意识，完全依赖用户观众主动下单，带货效果不佳。所以，催单对于所有的主播来说都非常重要。

最后1分钟：互动和抽奖是当前直播中不可缺少的环节，也是提高直播间人气，增加观众在直播间停留时长的好办法。

二 直播前准备

选品：根据市场需求选品，选择符合现在市场的产品。粉丝数量相对少的主播，可根据自己的调性和人设进行选品。一个吃播主播售卖食品，商品受到的关注度比较高。根据粉丝需求选品，提前预热建立粉丝直播群，可在粉丝群中通过询问、投票等形式了解粉丝想要什么样的产品。如果粉丝群中热度不高，可做一些小活动，提升粉丝的关注度。通过互动也能丰富直播时的内容。选择一定量的试拍，每一个试拍展示不同的产品，根据反馈数据确定产品。

主播：干净自然的妆容；和背景、服装造型风格一致；情绪饱满，精神状态良好；口齿清晰，表达流畅；卖货量起来后建议搭配一名助手，能够即时回复评论，帮助展示商品，避免主播突发情况的临时离场。

场地设备： 选择干净明亮的背景环境，根据灯光简单布置，光线明亮，避免过度曝光和逆光，按条件增加补光灯，保障信号稳定，直播不卡顿。手机（高清前置摄像头）和稳定的手机支架增强直播声音的耳麦。

直播脚本： 每次直播都是一场精心准备的表演，脚本必不可少。脚本中要梳理直播的段子，表演顺序，产品的介入时机，产品的价格，优惠措施，产品的特点与亮点，以及针对互动问题的回答。

选择直播时间： 根据不同品类的产品选择合适的直播时间，比如服装账号、美食账号选择的时间不一样。黄金时间一般都是早上5—8点，中午1—2点，晚上8—10点。

其他： 音乐，提前准备背景音乐；如节奏感较强/近期热门音乐串烧或符合直播调性的旋律等；道具，提前准备展示商品需要的道具，例如电池、小黑板等。

三 如何打造直播氛围

对于每个产品，针对性植入而不是照本宣科念脚本。用户在看直播的时候需要感受到主播的热情和购物氛围，主播需要在直播的时候保持热情，介绍产品的时候不是念出产品的功能、作用、适用的人群，还需要不断地重复，用夸张的语调、修辞手法和洪亮清晰的声音来传达产品的价值，以及给出一个合理的降价的理由，最后用催单机制（只剩下××单，现在买还送××，我们从来没卖过这个价格，10，9，8……3，2，1，不买就过了，下一款产品）来实现用户的购买，以及通过抽奖和发福利来让用户有持续观看和互动的意愿，来实现一场直播的互利共赢。

主播通过感情投入，案例包装，让内容更充实，可以让粉丝停留时间更长一些。一般建议主播慢慢训练，最好一分钟能说出200个字以上。

结合营销点，把产品植入实际场景中去。他有自己的想法，会把这个产品先体验好之后，带着感觉去融入自己的场景。

◆ 团队配合

大家去逛街，发现一些店里生意好，或者促销效果好，基本上都有各种配合。直播间如果有这样的配合效果也会提升。主播和助理的搭配，你一句我一句，把直播间的氛围搞得火热的，给客户一种"紧迫感"。把握好主播助理对话时间节奏，保证用户不流失。很多主播其实是没有对话能力，因为现在不少所谓的主播是短视频达人转型过来的，他们不具备直播能力，只会演戏，他们是好演员，所以这个时候可能需要一个助播，助播一般会选择淘宝主播或有销售经验的人来承担这个角色。

◆ 发福利

一个优秀的主播，不光会给粉丝介绍产品，还要会"给好处"。比如转发朋友圈，或者点赞多少，或者亲密度达到多少，可以领到某某商家的赞助产品，或者可以来一波抽奖，为了避免被"撸羊毛"，福利时间上可以错开，每一个小时一次就好。

◆ 产品信息传达到位

主播就是线上导购员，导购员就要知道用户关心什么，用户关心的品牌、价格、款式材质、穿搭潮流、发货时间和售后保障等，那你就需要提前备课，如果背不下来，就需要在样品上写上标签纸。一定要提前试用产品，这个很关键，要不然就会出现直播翻车现象。

产品摆放+演示。商品样品摆放有讲究，买一些折叠性的工具来帮助主播随时可以找到自己要讲的样品。包括主播背景，尽量和你介绍的产品相关联。可以跟电视购物学习，电视购物是直播带货的鼻祖，同样是超级导购、超级促销，电视购物的摆放很专业，包括颜色、大小，摆放得有秩序，不杂乱。

◆ 搭配引流款、主推款、利润款产品

一场直播带货的配比中，一定要有引流款，人气不是特别好的时候，

就卖引流款，把人气往上拉一拉。

当人气特别好的时候，就卖利润款，为什么呢？当然，赚钱的东西也是相对的。主推款是自营产品为主，为什么以自营产品为主呢？因为品牌方带货用的是天猫和淘宝的链接，这个时候流量都是被送出去的，如果我们有一些自营品牌，哪怕一两个单品，可以把它作为主推的爆款去做。

直播套装比单品好卖：因为用户有很强的比价习惯，用户看了你的推荐，然后去淘宝上搜一搜拍立淘，或者说看看这个链接有没有别人在卖，如果你特别贵，我就换，但套装不能比价，套装是定制化的，有时候包装改一改，真的没有人知道里面是什么。

◆ 克服害羞、自然放松，学会说话

刚开始直播害羞的状态是不可避免的，毕竟不是所有人天生就是"戏精"。但直播几场下来，你还是那副扭扭怩怩的状态，动不动就会冷场，不知道该说些什么，冷场之后更害羞，就更不能往下说，形成恶性循环。自然也就释放不了热情，紧张的氛围，带货效益自然就不会很高。

如何才能克服害羞这个问题？可以通过平时多加训练自己，没事的时候拉着身边的人多说话，一点一点训练自己临场发挥的能力，前期通过稿子来调节，直播多了就可以总结出网友的共性问题。总结出自己的"套路"，结合淘宝店铺自身的特点去做淘宝直播，不要为了直播而直播！要时刻记着淘宝店铺是为店铺服务的，为拉动观众消费的。而不是像其他平台的主播们是为迎合观众而制定直播内容，其他平台是有薪水拿的，有观众送火箭、飞机。

要有建立起老粉丝的情怀，淘宝直播终归要变成淘宝卖家的标配。想靠卖萌做淘宝直播是不可能的。只有独特内容才较有辨识度、才能吸引粉丝。颜值、才艺已成为直播的标配，物以稀为贵，知识、产品太容易被模仿，只有情怀才是能建立长久的利器。且看各大直播平台的主播们都有一群或多或少的忠实粉，有群忠实粉就有互动，就能吸引更多的人。

店铺粉丝培养好了，不做淘宝直播一样能把货卖出去，淘宝直播只是为了拉近与顾客的距离，让他们更直观地看见你店铺卖的产品。

◆ **如何提高直播间人气**

开播通知：直播前2小时再次检测是否做好三项预热——文字预热、视频预热和站外预热。同时检测是否开启"直播时通知粉丝"功能。

直播推广：根据直播间人数的增值服务，根据推广规则为直播引流。

操作方法：开始直播。直播推广，现在推广，直播间将会被同城页推广，提升在线人气。

粉丝互动：通常和粉丝进行互动的主播，直播间气氛活跃，人气较高，所以掌握直播互动技巧能够提高粉丝留存，提升人气。

持续稳定：主播要坚持直播，不能时断时续，固定周期、时段坚持直播，培养粉丝"到点打卡"的观看习惯，人气会逐步提升。

◆ **万能开场白**

因为直播间粉丝不是在固定时间统一涌进来的，直播间时时刻刻都会进人，并且直播间平均在线时长都很短。通常来说一个新主播观众进来之后平均只能停留40秒至1分钟的时长，而大多主播对观众来说都是陌生人，所以要有足够多轮次的自我介绍。即便是李佳琦的直播间，观众平均停留时间也只有14分钟，薇娅最高的时候可以达到17分钟，一般带货主播平均停留时长：4~5分钟，要想在这么短的时间里安利给用户商品，并刺激下单，这是一个技巧性非常强的事。因此如何让每个走进直播间的粉丝迅速了解直播间就至关重要，而万能开场白就是针对直播间的这种进入机制而设计的话术。

万能开场白主要包含以下四个方面：

1. 我是谁；

2. 我的优势是什么；

3. 我直播间卖什么产品；

4. 我直播间今天有什么活动。

万能开场白用时大概30秒至1分钟，平均每介绍2款产品，5分钟或10分钟轮番介绍一次。万能开场白举例：义乌服装市场档口直播的喊麦岗话术。

"欢迎新进店的宝宝，这里是中国女装第一街，义乌××服装批发市场，我们所有的货都是一手货，工厂直接发到你们的手里面，一件也是批发价，过去你们在店里四五百买的衣服都买亏了，今天在我们的直播间这种衣服只要50块钱，一件也是批发价。大家抓紧下单购买！"

◆ 360°互动引导话术——提升转粉率、转化率的利器

360°指的是手机屏幕直播页面的360°无死角引导转化动作。

引导点关注："新进来的宝宝点点关注，关注主播不迷路。"

引导看活动。

引导点赞："新进来的粉丝点点赞，每5万赞有××活动。"

引导转发："点完赞的宝宝记得转发一下直播间，转发的宝宝截图联系小助理，会给大家送上一份精美的礼品。"

引导点击购物车："今天的产品都在下方购物车里，宝宝们点击进去就能看到。"

因为粉丝是不同时间段进来的，360°引导话术也要在直播间重复进行。

◆ 刺激下单

粉丝对产品有足够了解之后，就需要刺激他们的购买欲望。如果对消费者心理把握得好，节奏带动得好，那卖货的效果肯定不会差。控制秒杀时间。秒杀是在直播间里面，因为种草跟直播秒杀就是短期内的促销行为，倒计时的感觉会让用户感觉到抢不到这个优惠了，所以可以刺激线上用户立刻消费。

从众心理：我们自己买东西也是一样，摸不准这个适不适合自己，或者还在疑虑产品价格是不是最合适。这时候有经验的主播就会和你说：

"哎呀，这件衣服全网已经卖了十多万件了""这个款式是今年最流行的，某某明星都在用""很多粉丝都第二次复购了""这东西真的很好，主播自己都在用"。主播善用大众决策、明星效应、复购反馈等信息，让消费者更加相信自己的选择没错。当然还可以用外部的声音干扰，比如录上某宝的下单声音，让用户觉得大家都在抢，自己没抢到就没有了。

私人定制沟通：每个人买东西，都是根据自己的需求来选择的，这个时候，可以根据产品定制不同人群的痛点，并且解决痛点。比如说："微胖，腿粗的穿这个，因为版型好，特别显瘦""如果你最近老长痘，用这个，一般两三天就好了"。

打造专家形象：消费者往往更愿意信任比自己专业的人，接受专家的推荐。所以主播除了卖货外，也需要抽出一些时间，陪粉丝聊聊相关知识，帮粉丝解答一些不懂的问题，打造专业度、培养信任，这样粉丝货比三家的现象基本上不会有了，顺便也能了解下粉丝的需求。

引导促单：很多时候，会看到主播很专业，讲得也好，气氛也不错，但是下单量不大。主要原因还是没有促单。什么是促单？简单地说就是教粉丝在哪里找到产品，在哪里下单，下单怎么领优惠券等。虽然说电商已经很普及了，但确实还是有20%的网民，不知道如何下单，或者下单过程中，每个平台不一样，导致操作错误。另外在促单过程中，也是配合了粉丝的情绪场景，能自然而然地提醒下单。

针对价格敏感型用户，打折买送是非常有效的行为：大家不要觉得打折跟买送是非常LOW的行为，直播就是不同形式的卖场，几十块钱的产品价格符合大多直播间观众的需求，打折求便宜是很普遍的共性需求。直播里面的促销打折买送，买一发二、买一送一的行为，在大众眼中已经是常规性活动，已经根深蒂固，你哪怕便宜5元，也是送福利。

◆ 每天坚持直播3小时以上

引导需求+信任+值=高转化率。这个公式适用于任何消费。做直播得有产品，让观众感觉到新鲜感，得会说话，长得不好看不要紧，得有自己的特点。最重要的是坚持，不能"佛系"，不能说不想做就不做了，每天直播不了3小时，不要做淘宝直播，因为即便是李佳琦和薇娅一个月也要直播25天以上，每天直播3小时以上。

四 头部主播的直播技巧

有用：能够帮助观众和用户解决实际的问题，而不是靠销售技巧和话术纯粹忽悠促单。

教学式直播：传递内容时做到真正的产品交付。产品卖出去只是产品发挥价值的开始，传统销售卖完货就完事，消费者怎么用，用得好不好是消费者自己的事。直播具有演示、现身说法的作用。薇娅卖产品，所有的产品要么试喝试吃试用，要么把使用的场景展示出来。李佳琦卖口红，还会具体讲一只口红的独特性，什么色号适合哪类不同人群，适合什么妆容，观众都可以对号入座，自动匹配。主播们匹配的选项越多，教学样式越丰富，观众get到的点可能性就越大，下单的可能性就越强。

直播栏目化：通常我们认为现在的社交媒体是碎片化观看、碎片化传播，而直播不是绝对意义上的碎片化传播，是半碎片化传播。除了少数的头部主播会有固定的直播时间段外，其他主播都没有固定的时间段，即便对于一些娱乐主播来说，平台也只是要求，每个月直播够一定的时长即可，播出时间没有特别要求。观众也不会像看电视剧或电视综艺节目一样守着看直播，直播大多是第二屏观看。不过直播的观看也不是高度随机的，而是相对随机。

类似李佳琦，每天直播前都是发布产品预告，每晚8:15开直播，开播前15分钟，会介绍当晚直播间出现的产品，大概什么时间会出现什么产品，让观众心里有个数，有兴趣的观众会等待，如果没有兴趣就可以离开。

这差不多已经是固定化的直播节目了，形式固定，内容固定，时间也固定，然后还有李佳琦自己独有的直播风格，很容易让用户在固定的时间点想起这档节目，到点打开淘宝直播，然后选择是否观看。

有趣：有用是一个主播所能够提供的长期价值，决定了一个观众是否要长期关注你。有趣是提供短期即时价值，能决定用户是否要在你的直播间投入情绪，投入时间参与，能否消磨时间。把内容如何传递出去，自然有趣的表达方式才能让观众感知到温度，让观众更容易接受你传递的观点。

薇娅、李佳琦、辛巴这些主播都具有鲜明的个性，而且话语非常接地气，李佳琦的个性化口头禅，"我的妈呀""OMG""买它"，语速快、语调高、音量足。李佳琦的每晚直播中，这3个口头禅估计重复了几十遍。李佳琦总结过他的"佳琦金句"，比如，像小精灵在嘴巴上跳舞，把春天涂在脸上，下过小雨的森林里的味道，好闪五克拉的嘴巴等。很难想象一个人怎么会有这么多不同的词语去形容口红涂在嘴唇上的样子。他的话语出来，或是给你带来了极强的场景感，或是让你捧腹大笑，或是启发联想。所以说，卖货主播不仅要能给观众带来听觉和视觉的享受，味觉、嗅觉、触觉这些有趣的东西甚至也被调动起来了，这需要丰富的生活体验才能做到。这些词并不是李佳琦后面的文案团队给写出来的，而是他每次直播时临场发挥的。按他自己的话来说，"把每支口红当作一个女生，然后介绍给大家"。

有态度：官方给直播带货主播的称谓是直播销售员。但是主播们只是把自己当一个销售员，注定是没有长久价值的。头部主播的影响力大，必然有底层的逻辑，长期的信念坚持以及更高维度的态度表达、价值观传递，以及影响他人的严格的自我要求。引导理性消费，而不是为了销售量毫无底线地推荐。即便是刚出道的主播，也应该有这样的自我要求，因为要成长这是必需的品质。辛巴推荐商品，并不是说观众一定要买，一定要买贵的，而只是选择适合自己的。李佳琦，同样是如此，差不多同类的产品，在推荐的时候就告诉你，如果买过就不要买了。也不是说只有国外一线品牌才有好东西，而是告诉大家能花最少的钱买到适合自己的东西就可以了。

五 直播后提高转化

直播后发相关作品：正式直播结束后可以在账号内发详细的产品使用方法，提升用户体验，增加用户黏性。

收集反馈： 在粉丝群里互动，可以询问粉丝对价格的反馈，以及收到货后对产品质量的反馈。

售后服务： 直播结束后及时跟进订单处理，确保用户的消费体验，特别是发货环节，一定要及时跟进。

◆ 注意事项

对于新开直播的主播，流量相对不多，关注的核心数据在于转粉率，点赞评论等数据，在后期可以增加直播时长、频率，积累粉丝数量、数据、关注点。

◆ 直播复盘

直播数据分析： 针对本次直播数据进行记录分析，为下次直播做更好的优化。

直播数据——时间及时长、点赞数、观看人数、评论数、转发数、直播涨粉数。

电商数据——订单管理：查看全部状态订单。

账单管理：查看交易中及交易完成金额第三方平台（淘宝/京东等）。

点击数： 到达商品、店铺的点击数量。

付款数：带来的付款订单笔数。

总金额：总收入金额数。

收集粉丝反馈、评论反馈：记录直播间1～3个评论热点，例如"保养技巧""多试色号""多少钱"等下次直播前"策划脚本"阶段重点突出，解答粉丝主要痛点。

私信反馈：在直播活跃粉丝中随机进行"私信回访"，通过私信收集深度反馈。

第一，表达感谢支持，拉近关系，提高粉丝忠诚度。

第二，收集直播反馈，哪里做得好，哪里做得不够，给下次直播一些建议。

客服反馈：通过客服在线解答粉丝疑问，主动在粉丝群里收集直播反馈。

其他反馈：通过亲友、同事或其他站外渠道调研，及时发现直播待优化问题。

◆ **货源和售后问题**

主播虽然在前期做好选品，并且由自己的团队和品牌方谈价格，但是由于处于分销商、推广者的角色，不能介入品牌方对于商品的运营和管理，并不能保证合作品牌产品的质量和售后服务，只能选择大品牌和参观工厂来解决这个问题。

这个效率其实并不高，而且合作品牌一旦出了问题，会严重影响主播的口碑。

| 第十三章 |

B2B类产品私域流量池搭建的建议

一 微信对于B2B类企业的价值

大多数涉足互联网的企业经营者或创业者都经历了消费互联网时代，在不同阶段有不同时期的获客成本，在流量红利期，获客成本甚至可以低到忽略不计。互联网发展到今天，获客成本也从5元、10元期，到50元到100元甚至到几千元的一个时期，而这个成本根据最后能成交的客单价高低能计算出一个利润率，大多的2C企业都已经到了流量成本不能承受的高昂地步，加之现在信息碎片化，流量平台越来越分散，不管是什么类型的企业都不得不考虑搭建自己的私域流量池。尽管每个人对私域流量池的理解或搭建方式方法不同，但搭建私域流量池是未来所有企业必须考虑的战略性问题。

本书大部分章节都在研究B2C类客户的私域电商搭建，笔者在行业前三的B2B企业供职数年，本章节提供关于B2B类产品私域流量池搭建的一些个人建议。

◆ B2B类企业客户的特点

尽管难以统计B2B类企业的获客成本，但从2010年左右，我们统计的线下活动的成本，最低的一个到场客户也要300元，高的要3000元。这是我们连续几年线下活动的一个成本区间，不能统计出一个平均值，但是在理论上B2B企业的获客成本要远远大于B2C类企业。为什么B2B类企业的获客成本高？这里边的原因众多。最核心的一点便是流量过于分散，最终的转化率低之又低。可以说，100条客户信息线索，最后有用甚至值得培养的只有1条，而这一条信息还需要长时间的培养才有可能成单。

正常情况下，B2B营销中，90%～98%的流量都流失了，没有为企业创造任何价值。流量流失有时候是因为客户的信息难以被甄别出来，这是客户线索浪费的重要原因，其次80%的客户不会在询问过产品信息后立马进行采购，B2B类产品即便是工业品，大多数也需要定制，需要技术对接，需要上门考察，这需要一个较长的周期，所以留下线索的客户很多没有做好采购的准备。

其次是对于客户预留信息的鉴别和挖掘。传统的B2B客户信息获取，搜索引擎关键词购买、线下活动、行业展会、活动赞助甚至是采用B2C的方式大面积铺设广告、社交爆款文章，等等，除此之外便是销售人员的电话冷呼叫。但这都解决不了上述提到的各种问题，尤其是对客户的会员管理问题得不到切实的解决，这些方式都没办法解决一个客户1年左右的决策时长，没办法解决一个觉得所有管理层都要参与的难题。

B2B类企业大多还没有意识去建立自己的私域流量池，尽管所有2B类企业都有自己的CRM管理系统，很明显私域流量池更适合2B类企业，而不是2C类产品，即便我们说的"黑五类"，燕窝、鱼翅、虫草、珠宝、文玩等这么高客单价，这么长决策周期的产品在微信的私域流量池中生命周期也非常短，一般都是1～2年，超过3年就被玩坏了。而B2B类企业，无论是产品还是技术服务等，都完全符合私域流量池构建的特点，而适合构建私域流量池的最好载体就是微信。

◆ 微信对于B2B类企业的价值

一个不争的事实是微信公众号的打开率越来越低，事实上不管微信公众号、微信朋友圈、微信社群的打开率和活跃度都不断下滑。而随着私域流量这一波红利（被误导的红利）后，微信的生态会进一步变差，不可避免的是张小龙要重拳出击。即便如此，微信的价值对于企业来说依然很大，尤其是对于B2B类企业私域流量池的搭建来说。

社交媒体用户黏性和稳定性高，可以使用户主动参与性更高，也更能影响用户的消费决策，并且为品牌提供了大量被传播和被放大的机会。在中国，社交媒体平台型应用用户活跃度高，应用本土化发展好，是比较好的潜客培育渠道，微信是连接企业与用户之间最好的触点。微信服务号本质上具备比移动官网更强的互动属性与更短的操作路径。

相比于B2C企业对于流量的追求，B2B公司更看重销售线索的有效性和转化率。但是，多达90%的销售线索最终都流失掉了，主要原因之一就是客户决策周期长，对企业来说没有适合的池子"养鱼"，缺乏有效的潜客培育过程。

对于任何一个企业来说，只要找到一个差不多靠谱的客户信息获取团队，就能拿到足够的客户线索。但是对于客户线索的鉴别、培育和挖掘几乎是所有B2B类公司都要学习的功课。擅长线索培育的公司，能产生比普通公司多出50%以上的销售机会，能将客户线索的价值挖掘到最大，缩减60%以上的推广成本，已经培育的线索，带来的销售额比未经培育的线索多出47%。

微信（包括企业微信），能够与官网、邮件、表单、二维码、海报、线下活动等多种触达渠道打通，完成多渠道的数据汇聚，而且微信服务号的功能优先级比较高，微信服务号和企业成为搭建私域流量池的首选。

公众号现在的问题是：①负增长已成为趋势。②客户的精准粉丝获取成本很高。③公众号打开率严重下滑，现在好一些的文章在3%左右。

公众号为啥这么惨？内忧：一是公众号推文以图文形式呈现，阅读门槛高。长文让人读不下去，传统报刊的消费者3000万，公众号的核心读者不超过1亿人。二是公众号数量越来越多，3年前2000万个，新榜监测到现在有5000万个。订阅列表太泛滥。外患：短视频的崛起，体验比图文更加符合人性。头条系的用户使用时长上升 10%，腾讯系的使用时长下降 10%，此消彼长。

◆ 公众号的价值

公关价值：公众号成为所有公司的标配，阅读人群偏小众，偏高知和精英群体，公司有自己的公众号，用户才会信任你。

入口价值：服务号成为公司面向用户开展业务的一个入口，也希望用户能留存在上面。

私域流量价值：通过沉淀在公众号的用户量来进行变现，大部分公众号开始往私域流量走。

◆ 企业微信

在2020年春节之前恐怕没有人能预测到在线办公软件会在苹果App Store软件下载排行前五名中占据三个名额。事实上，在这次疫情到来之前，微信已经更新了企业微信，专门对医疗和教育做了更新，这次更新发布完就不少人盯着，甚至不少人说企业微信是微信平台内下一个流量洼地。先看一看企业微信几个进化节点：

2018年4月，企业微信打通个人微信，意味着企业员工用企业微信就能与客户个人微信互相添加好友，对方无须下载企业微信就可以实现两个产品之间的信息互通。

2019年8月，企业微信调整单个员工的好友数上限为5万人。同时会话存档功能（聊天记录保存）也开放内测。这一功能便于企业将用户在企业微信、小程序、公号等场景的轨迹统一起来。但企业是否可保存和用户之间的对话信息，仍需经过用户确定。

2019年10月，企业微信更新版本，好友上限数量变成了"双无"，即单个员工企业微信好友数无上限，整体企业的企业微信账号好友数也无上限。相比个人微信的5000好友上限，和动辄几十部、上百部手机来进行私域流量运营的现象，"双无"上限显然更加便利。

2019年11月，企业微信正在内测朋友圈、大群两大功能。据说，企业发布朋友圈信息后，将会呈现"企业"字样，还有可能链接小程序。大群功能则在权限上有些差异。这里所指群，是指企业微信和用户个人微信之间建立的混合群，不同的内测团队分别拿到100人、500人、2000人不等的群权限进行测试。

企业微信正在逐步释放更多的新功能，似乎都是私域流量运营迫切需要的，解决了组织问题、关系资产问题、效率问题、风险问题。腾讯官方进场了，这种进场腾讯不代表是对私域流量的绝对支持，但起码提供了一个合法性的工具，支持企业数字化业务转型。

流量洼地一说对此持保留态度，笔者一直认为针对C端用户的私域流量在微信平台里没办法很好地施展开来。但是对B2B类型的企业来说，企业微信的价值要远远大于C端。企业微信和微信真正打通，企业微信内增加了群聊和企业朋友圈，更重要的是企业微信具备一定的SCRM功能，企业微信成为唯一一个可以直接添加微信好友的在线办公平台。毋庸置疑，企业微信的SCRM是可以定制的，这对于任何一家需要做长线会员管理系统的B2B企业来说，基本上形成了闭环。虽然我们说，做服装要上淘宝，2B类的客户上百度更好，但谁也忽视不了，百度基本已经丧失了任何长线用户运营和培育的平台价值，最多只能算是一个用户号码表，吸引来的用户最终必然要放到微信平台上好好地培育和孵化，微信有11亿的用户，微信朋友圈每天有7亿人在使用，微信公众号C端价值降低，但是偏精英阅读的属性让企业能够更加精准地获取客户，甚至能够替代传统的官网，最重要的是微信平台内能够使得企业完成几乎所有的动作。企业微信的这次改版让企业内部的信息流转变得更加高效，对外又能连接几乎所有的用户。

世上的交易分很多种，但是只有一个要努力的方向，那就是所有的经营者都希望把交易成本降得越来越低，让交易达成速度变得更快，最好的境界就是选择某个产品或品牌时能够越过大脑直达心底，简单到像买一瓶农夫山泉水一样。但高客单价、高身份属性、长决策周期的产品做到这样非常难，对于这类产品和服务最好的办法就是把客户引入自己的鱼池，慢慢培育孵化，最后成交，当然这一切的基础是有一个私域流量的载体，能够解决决策之外的一切问题，平台黏性高、活跃度高、用户稳定不会流失、各种内容表现方式都具备，而微信、企业微信、公众号、小程序、直播、朋友圈、微信群等恰恰具备了这个功能，企业微信甚至解决了微信向来"天下苦腾讯久矣"的难处。天时地利人和，企业微信战略重要性会更加凸显。

全域思维下B2B私域流量的搭建

大多数的B2B企业都尝试着用私域流量来规划企业的长期战略，也不知道私域流量该如何搭建。首先要明白私域流量一定是一种长效的运营思维，绝非通过几十个私人号快速收割一把就跑的快钱思维。而私域流量的搭建基础是有全域流量，全域流量是成就扩大品牌域和品牌流量的基础，除了那些黑五类，从来没有一个企业只有私域流量而没有全域流量认知和品牌域认知，对于B2B企业也是如此。

私域流量、品牌域和全域流量是一个相对的概念，用一句话来说，B2B企业私域流量的搭建就是通过各种营销传播方式把潜在客户、线索客户、成交客户等统一（有秩序）收纳到自己的私域流量池（微信平台或其他载体）进行长期放养、培育、孵化、成交的过程。私域流量的搭建是一个系统、有策略、有技术含量的长期工作，且是一个不间断持续的企业全员行动。

◆ B2B企业的全域思维

全域思维包罗万象，可以说与一切用户有接触的触点，不管是物理的还是抽象的触点，都可以称之为域，例如品牌域、事件域、时间域、渠道域、活动域、人格域、内容域等。

品牌域： 品牌域就是企业品牌认知下的受众，一般来说品牌域要大于私域，但品牌域和私域也并非完全包含或被包含的范围。几乎每个人都知道农夫山泉，但是你不能想象全国范围内还有一半的国人没有尝试过这个品牌。品牌是最稳定的流量池，根植在人心。对于大多数的B2C类产品来说，品牌域强过私域，完全没有必要通过私域流量这样方式把交易变得如此复杂，就像肯德基、麦当劳、汉堡王等很多企业已经逐渐取消了人工点餐，为的就是提升效率，他们利用微信、支付宝等让交易路径变得更短，甚至不需要与人接触，更没必要通过私人微信进行流量池布局。

事件域： 事件域就是在某个固定的时间节点（最好固定）把品牌和一个事件进行绑定，通过大事件传播类累积消费者的注意力，通常来说能把品牌和某个事件进行绑定并形成事件的都是行业内数一数二的龙头品牌，甚至具有垄断地位的公司。就像淘宝的"双11"购物节一样，通过每年巨量的资源投入，让全网人群在一天内都盯着一个被创造的奇迹数字，让商家、媒体、网民、股民等都津津乐道。央视春晚、美国的黑色星期五、360的安全大会、喜马拉雅的知识大会、罗振宇的跨年演讲等都可以称为事件域，当然事件域一般也是时间域。

人格域： 人格域和品牌域的性质几乎一样，人格化品牌越来越流行，越来越多的企业愿意把企业掌舵者打造成企业的灵魂人物，格力的董明珠是最杰出的代表，其次如阿里巴巴的马云，小米的雷军，苹果的乔布斯、库克，锤子手机的罗永浩等。人格域自带流量，无论出席任何活动，讲出什么话题都会获得极大的关注度，而不少的企业也在专门利用人格域的概念进行累积用户，积累品牌资产，例如格力。

媒介域： 媒介域就是以不同的媒介平台留存到的私域流量。媒介域积累私域流量本质上是一种用户运营和维护思维，通过不同的互动经营拉近和用户的距离，促成购买。公众号、微博账号、搜狐自媒体、百家号等都是经营媒介域的常用平台，不过目前媒介平台已经江河日下，越来越多的品牌开始转战抖音号、头条号、快手号等短视频和直播平台，这是媒介形式变化的一种必然趋势。

◆ B2B流量池的搭建

简单来说，B2B类企业私域流量池的搭建分为以下4个步骤：①通过各种各样的渠道、方式、内容营销从全渠道获取流量线索。②通过微信平台或其他数字化手段构建流量池塘，并把不同的客户线索以各种方式筛选、沉淀到流量池。③筛选优质的客户线索进行挖掘或继续培养、孵化为有价值的客户。④通过销售跟进以实现最终成单。

◆ 通过什么渠道获客

最实惠的五大渠道

1. 电子邮件营销（公司已有客户邮件列表）：66%的被调查者认为此渠道在带来商机方面最实惠。

2. 社会化媒体（非付费广告类）：62%的被调查者认为带来商机的成本低。

3. 推荐或倡导营销：53.6%的被调查者认为成本低。

4. 电子邮件营销（租用或购买邮件列表）：51.7%的被调查者认为成本低。

5. 社会化媒体广告：50.8%的被调查者认为成本低。

显然，这表明了三个重要渠道：社会化媒体、口碑及电子邮件。国内对社会化媒体与电子邮件的理解不够，使用水平普遍不高（甚至很低）。

最中庸的五大渠道

这里的中庸指的既不是最便宜的，也不是最贵的，它们是：

1. 自然搜索：49.2%的被调查者认为成本低。

2. 重定向广告：47.5%的被调查者认为成本低。

3. 搜索引擎广告：42.5%的被调查者认为成本低。

4. 显示/CPM广告：41.7%的被调查者认为成本低。

5. 直接邮件，40.8%的被调查者认为成本低。

对于中庸的渠道，不做过多评价，根据不同行业与不同企业的具体情况，进行相应的取舍即可。

最费钱的五大渠道

1. 电话营销、冷呼叫：38.4%的被调查者认为成本低。

2. 第三方网络研讨会：34.6%的被调查者认为成本低。

3. 第三方商机发起人、出版商：32.7%的被调查者认为成本低。

4. 印刷、广播与电视广告：20.1%的被调查者认为成本低。

5. 商业秀与线下事件：17.2%的被调查者认为成本低。

◆ 内容营销

内容营销是企业通过围绕客户创作的一系列内容，并在合适的时机，把合适的内容，以合适的形式，使用合适的工具或渠道，推送或展示给合适的受众，并达到引流、激活、互动、转化和推荐的目的。内容营销是B2B营销中最常用的获客手段，也是品销合一持续时间最长的一种方式，几乎所有排名靠前的B2B企业都在使用。最常用的方式有行业博客内容、深度报道、案例研究、白皮书、行业论坛，技术交流会、在线会议以及新兴起的直播，等等。但B2B产品和服务的采购过程漫长，而B2B内容营销也是一个持续的过程。所以，内容营销的痛点便是优秀的内容不知道在哪个节点影响到了用户，而且缺乏沉淀用户的机制和工具。最简单的办法就是企业的微信公众号具备对话和服务功能，用户对你内容的反馈可以跟踪，这也是我们为什么强调行业洞察、白皮书这类内容，与感悟类鸡汤文不同，有价值的行业洞察会促使潜在用户行动，比如下载白皮书，下载PPT，完成之前，让他留下联系方式，随后用系统或人工方式追踪。

现在市场上已经有技术相对成熟的工具如腾讯企点、时趣互动（致趣百川SCRM系统）等可以购买使用，困难的地方在于企业CRM系统的数据清洗和整合，企业原有系统，如人工输入的信息，外企使用的Salreforce，思科等与国内社交平台不能打通的系统，整合这些平台和数据要在内部花的时间，还有客户信息隐私等法律问题，都比单纯解决技术问题要费劲得多。理想的状况是，用户在百度上搜索你的产品，在你官网上的行为，阅读公众号后的反馈，注册登记，参加线下活动微信注册，下载活动PPT的记录，所有这些数据整合以后提供的清晰用户画像和行为轨迹，让你更有效地跟踪用户，完成营销到销售的转化。

◆ 流量池培育线索，挖掘客户

培育和孵化客户：建立线索管理的"闭环"，通过高效的相应处理，将线索的转化率最大化。

1. 通过营销组合策略赢得用户的关注点击，从全渠道获得客户线索。

2. 制定线索评分标准，对线索进行分类、打分，筛选出优先跟进的线索。

3. 通过电话销售、产品试用、远程演示或其他手段进行转化。

4. 归类线索——获客、成单或回炉私域流量池进行培育等待再次跟进挖掘。

5. 孵化，将线索返回给市场团队再次孵化，直到转化成功。

◆ 不同传播方式对客户培育的价值情况（如图13-1所示）

建立品牌知名度	获得潜在客户	培育潜在客户	转化潜在客户
31% 博客文章/短文	19% 线下活动	31% 电子邮件	25% 线下活动
25% 社交媒体内容 （例如，推特、故事）	16% 网上研讨会 线上活动	13% 博客文章 短文	23% 案例研究
8% 线下活动	13% 电子书/指南	11% 现场活动和案例研究	11% 网上研讨会 在线活动

图13-1　不同传播方式对客户培育的价值情况

建立品牌知名度最佳的内容类型为博客文章/短文（31%），获得潜在客户最佳手段是线下活动（19%）；培育潜在客户最佳手段是电子邮件（31%），转化潜在客户最佳手段是线下活动（25%）。B2B最佳的获客和转化潜客的手段是线下活动（25%）。（见图13-2）

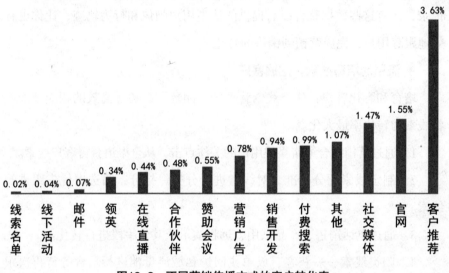

图13-2　不同营销传播方式的客户转化率

◆ **销售跟进**

销售跟进是检验所有工作最直接的评判标准，大多的企业都会把最精英的人群放到这个位置上。私域流量是一个长效良性循环的生态系统，销售人员固然重要，但是在整个系统上更加强调前置部门与销售人员的系统协调和配合，这样才能有效降低客户线索的流失，提升转化率。

这里也需要强调一点，相对比"黑五类"以及各种被玩烂的2C类高客单价产品，2B类产品的很多企业大客户都深谙社会与交际心理，而且决策周期和决策链条都很长，不是冲动消费就能达成结果的。长时间的客户培育目的是消除客户的疑虑，提升客户的信任，关系的稳固，如果采用攻心术，不如保持真诚坦率态度。